墨香财经学术文库

"十二五"辽宁省重点图书出版规划项目

山西省"1331工程"重点创新团队建设计划
（批准号：晋教科〔2017〕12号）资助
国家社会科学基金一般项目（17BGL064）

Research on the Financial Effect

of Changing the Investment Direction of
Listed Companies' Raising Funds

上市公司变更募集资金投向财务效应研究

王茂超 ◎ 著

东北财经大学出版社
Dongbei University of Finance & Economics Press

大连

图书在版编目（CIP）数据

上市公司变更募集资金投向财务效应研究 / 王茂超著. 一大连：东北财经大学出
版社，2020.7
（墨香财经学术文库）
ISBN 978-7-5654-3882-0

Ⅰ．上… Ⅱ．王… Ⅲ．上市公司-财务管理-研究-中国 Ⅳ．F279.246

中国版本图书馆 CIP 数据核字（2020）第 104496 号

东北财经大学出版社出版发行

　　大连市黑石礁尖山街 217 号　邮政编码　116025

　　网　　址：http：// www.dufep.cn

　　读者信箱：dufep @ dufe.edu.cn

大连永盛印业有限公司印刷

幅面尺寸：170mm×240mm　字数：170 千字　印张：12　插页：1
2020 年 7 月第 1 版　　　　2020 年 7 月第 1 次印刷
责任编辑：周　慧　　　　　责任校对：慧　心
封面设计：冀贵收　　　　　版式设计：钟福建
定价：48.00 元

教学支持　售后服务　　联系电话：（0411）84710309
版权所有　侵权必究　　举报电话：（0411）84710523
如有印装质量问题，请联系营销部：（0411）84710711

前言

　　自 1997 年以来，我国上市公司随意变更募集资金投向行为便成为一种普遍的市场现象。这引起了我国学术界、新闻媒体的高度关注。证券监管部门为了维护资本市场正常秩序，充分发挥资本市场优化资源配置的功能，随后陆续发布了一系列相关法规制度，明确规定上市公司不得将募集资金用于质押、委托贷款或者其他变相改变募集资金用途的投资；如果改变招股说明书或者募集说明书所列资金用途，则必须经过股东大会作出决议；前次募集资金实际投资项目发生变更的，应当单独说明变更项目的名称、涉及金额以及占前次募集资金总额的比例、变更原因、变更程序、批准机构及相关披露情况；上市公司保荐人和财务顾问要督促上市公司规范运作，依照约定切实履行承诺等。

　　在强大的社会舆论和全方位的政策规范下，随意变更募集资金投向的上市公司比例从 2002 年起出现了逐年波动下降的趋势，并于 2010 年达到最低值（3.93%）。但自 2010 年之后，我国资本市场变更募集资金投向的上市公司比例又呈现出波动上升趋势，从 2016 年开始表现得尤为明显，在 2018 年达到平均每 100 家上市公司就有超过 8 家上市公司改变了募集资金原定投资方向。可见，尽管有强大的社会舆论和全方位的政策规范，我国上市公司随意变更募集资金投向的行为仍然频频发生。这值得我们进一步思考与研究。

上市公司为什么要变更募集资金投向呢？从其公告内容来看，这是公司管理层迫于经营环境的变化而作出的为了维护股东利益的投资决策调整。学术界、新闻媒体为什么要声讨上市公司变更募集资金投向的行为呢？这是因为在他们看来，上市公司变更募集资金投向会增加公司管理层随意性支出的可能性，从而产生代理成本。证券监管部门为什么要管制上市公司变更募集资金投向行为呢？这是因为大量的现实案例表明，一些上市公司在变更募集资金投向中以维护股东利益之名，行谋取私利之实。可见，关于上市公司变更募集资金投向行为的争论，其实质就是关于上市公司变更募集资金投向能否改善公司业绩、提升公司股价的争论。上市公司管理层预期变更募集资金投向将改善公司业绩，提升公司股价，因此，他们热衷于变更募集资金投向；上市公司的"外部人"则认为变更募集资金投向将导致公司业绩变差，股价下跌，因此他们批判上市公司的募集资金投向变更行为。这种认识上的差异必然导致不同利益集团之间的分歧与争论，同时，还会使证券监管部门处于到底是应该"管制"上市公司的募集资金投向变更行为，还是应该"放任"上市公司的募集资金投向变更行为的困境。

为了便于论述，本书将上市公司变更募集资金投向后所引起的公司股价变化和公司业绩变化界定为上市公司变更募集资金投向财务效应。进一步地，当上市公司变更募集资金投向后，公司业绩得到改善，公司股价得到提升，本书就认为该募集资金投向变更行为引起了良性的财务效应；否则，当上市公司变更募集资金投向后，公司业绩恶化，公司股价降低，本书就认为该募集资金投向变更行为引起了恶性财务效应。

既然企业是以盈利为目的的社会经济组织，因此，本书认为评判上市公司变更募集资金投向决策之优劣的标准就应该是募集资金投向变更行为所导致的财务效应的变化，而不是一味地追究其在使用募集资金过程中是否严格遵守了原招（配）股说明书中的既有约定。即凡是有助于提升公司股价和改善公司业绩的经营决策我们就应该予以支持；否则，我们就应该予以批判。为此，本书跳出关于上市公司变更募集资金投向决策之合规性的争论，也没有以单纯的理论分析或者个案例证来支持或者批判上市公司的募集资金投向变更决策，而是从财务效应的角度来对上市公司的募集资金投向变更行为作出经验评判。

首先，本书运用不可逆投资理论对上市公司管理层预期的募集资金投向变更财务效应进行理论分析，分析认为不可逆投资理论在一定程度上诠释了我国上市公司随意变更募集资金投向的原因和动机，即上市公司管理层变更募集资金投向是为了顺应公司经营环境的变化而作出的投资决策调整，他们预期通过变更募集资金投向改善公司业绩，提升公司股价，即预期会实现良性财务效应。其次，基于投资者与公司管理层之间的委托代理关系，本书运用代理成本理论对市场投资者的预期财务效应进行了理论分析，作者通过分析认为市场投资者应该会对上市公司的募集资金投向变更行为持向下的市场反应，即应该预期募集资金投向变更行为会带来恶性财务效应。但是，以市场研究法计算的超常收益率数据却表明，从整体上讲，我国市场投资者对上市公司变更募集资金投向行为持向上的市场反应，即预期会带来良性财务效应而不是恶性财务效应。可见，不论是上市公司管理层还是市场投资者，他们都预期募集资金投向变更会带来良性财务效应。为了评价上市公司管理层和市场投资者预期财务效应的合理性，本书随后计算了以差量经济增加值为表征指标的上市公司变更募集资金投向后的实际财务效应。实证数据表明，从整体上讲，我国上市公司变更募集资金投向行为实际上导致了公司业绩的下降，即产生了恶性财务效应而不是良性财务效应。综上所述，不论是公司管理层还是市场投资者，他们都高估了上市公司变更募集资金投向的财务效应。本书认为，或许正是由于募集资金投向变更财务效应被投资者高估才导致了我国上市公司近年来频频发生募集资金投向变更行为。

为了深入分析导致募集资金投向变更前预期财务效应与募集资金投向变更后实际财务效应之间产生差异的原因，本书运用多元回归模型对上市公司变更募集资金投向的财务效应进行了回归分析。回归结果表明，影响我国上市公司变更募集资金投向后实际财务效应的因素分布很广，有来自公司经营环境方面的影响因素，也有来自公司特征方面的影响因素，还有来自募集资金投向变更行为特征方面的影响因素；影响市场投资者预期财务效应的因素则主要偏重于公司经营环境因素和募集资金投向变更行为特征因素两个方面，除了资本结构外，公司特征方面的因素均未对市场投资者的预期财务效应产生显著影响。基于回归结果，本书归纳认为，我国市场投资者对投资项目真实价值理性分析的缺失以及对市场投资热点的过于追逐是造成他们高估上市公司变更募集资金投向财务效应的重要原因，而上市公司管理层正是抓住了市场投资者的这一投机心态才频频变更募集资金投向。因此，若要有效治理我国上市公司随意变更募集资金投向行为，则必须从培养市场投资者的价值投资理念入手，方能取得较好的治理效果。

由于作者水平有限，不足和疏漏之处在所难免，恳请广大读者批评指正。

作　者

2020 年 3 月

目录

第1章 文献回顾

1.1 募集资金投向变更相关文献回顾

由于国外资本市场股票融资制度并非我国这样严格的"项目型股票融资制度"，上市公司在支配募集资金方面享有较大的灵活性，加上国外上市公司自律性比较强，一般情况下不会轻易地改变募集资金的原定投资方向，即使变更募集资金投向也主要是基于公司价值最大化和股东财富最大化而进行的审慎变更，因此，募集资金投向变更只是国外资本市场的偶发个案而非普遍的市场现象。也正因为如此，国外学术界并未专门研究募集资金投向变更问题，而只是从如何防范公司管理层的过度投资行为和随意性支配自由现金流量等方面来探讨募集资金的使用情况（Jensen，1986；Stulz，1990；Harris 和 Raviv，1990）。有鉴于此，本书的募集资金投向变更文献回顾仅限于国内研究文献。

从目前国内的研究文献来看，国内学者主要研究了募集资金投向变更的以下五个方面的问题。

1.1.1　上市公司变更募集资金投向的原因

学术界对上市公司变更募集资金投向原因的探讨可归纳为以下几个方面：

（1）宏观层面上的制度缺陷原因

王洪春和任晓雁（2001）认为募集资金投向变更的根本原因在于上市公司募集资金的"门槛"过低，而且当上市公司违约变更募集资金投向时也不会受到应有的惩罚，从而使得一些上市公司在从资本市场上募集资金时不进行认真的分析与论证工作，当筹集到资金后就随意改变募集资金的投向。

王向阳等（2002）分析发现，我国上市公司变更募集资金投向问题是由制度上与政策上等深层次原因造成的，比如，股票发行方式的非市场化、项目审批制度不健全、程序欠规范化等。

朱武祥（2002）则从投资审批体制不适应实际需要等多个方面，分析了上市公司变更募集资金投向的原因。

刘少波和戴文慧（2004）分析发现，我国上市公司在投资项目的确定和募集资金的使用过程中存在的融资成本约束缺失、证券市场机制约束缺失等四重约束缺失是导致上市公司变更募集资金投向的主要原因。

李虎（2005）运用统计描述和多元线性回归方法，实证发现我国上市公司募集资金投向的多元化程度与变更程度存在显著的正相关关系，并进一步分析指出我国股票市场对上市公司在募集资金运用问题上的信息披露要求过于详细是导致我国上市公司普遍不能按照招股承诺实施投资的重要原因。因此，要解决募集资金投向变更问题，不能一味地加强约束，而应该树立适度约束的监管理念，减少不必要的约束和管制。

元建兴等（2007）以我国A股市场1999—2002年间有过首次公开发行（IPO）行为的上市公司作为研究样本，研究发现我国上市公司大面积、大规模变更募集资金投向问题的产生，既有来自公司内部治理结构不完善的微观基础原因，更有来自公司外部制度不健全的宏观层面原因。因此，要规范上市公司募集资金的使用行为，就必须注重建立健全相关的制度机制，加大法律法规的建设和惩处力度。

董屹和成蕾（2007）针对我国上市公司大面积、强幅度、高频率变更募集资金投向现象，从监管制度的订立根基角度分析了募资使用监管失效的原因。他们认为监管失效的根源在于募资使用的管理规定与《中华人民共和国公司法》《中华人民共和国证券法》相抵触，从而导致了监管边界过于扩张，进而使监管制度缺乏较强的执行机制和好的执行效果。在这一分析框架下，他们提出证券监管部门应该以与募集资金投向变更有关的委托理财、关联方交易等对市场有重大负面影响的违规行为作为监管重点，而不是募资投向变更行为本身。

刘志军（2009）以保荐制实施后公开发行股票融资的上市公司作为研究样本，实证检验了投资银行声誉与上市公司募集资金投向变更行为之间的关系，其研究结果显示，投资银行声誉与募集资金投向变更的概率负相关，与上市公司募资变更家数比例负相关。由此他们提出，为减少上市公司随意变更募集资金投向行为，我国应该强化投资银行这一中介机构的责任，促使其协助、监督上市公司严格按照"招股说明书"中的承诺来使用募集资金。

（2）微观层面上的治理结构非完善原因

张为国和翟春燕（2005）以我国1999—2001年进行过融资的729家上市公司作为研究样本，考察了上市公司变更募集资金投向的动因。他们的实证结果表明，上市公司关联方交易越多、资金闲置量越多、股权集中度越高，则其变更募集资金投向的概率和程度越大；上市公司规模越大、长期投资越多，则其变更募集资金投向的概率和程度越低，从而说明了我国上市公司存在严重的治理结构不完善、代理成本高和投资效益差等问题。

郭俊平（2006）对我国1998—2005年进行过募股融资的上市公司进行了实证研究，发现上市公司的控股股东控股比例越高，上市公司越趋向于变更募集资金投向；上市公司的内部人控制现象越严重，上市公司越倾向于变更募集资金投向。

谢华和朱丽萍（2010）以我国资本市场2006—2008年间发生过募集资金投向变更的295家上市公司作为研究样本，通过设计公司治理的有关变量，他们实证得出我国不完善的公司治理结构是导致上市公司变更募集资金投向的内部原因这一研究结论。

王静卿（2018）通过主成分分析方法建立公司治理综合指标，并以此为解释变量，以 IPO 募集资金投向变更程度为被解释变量，以公司规模、资产负债率、公司成长性、净资产收益率为控制变量，建立回归模型，以验证公司治理与 IPO 募集资金投向变更的关系，其研究发现，公司治理状况与 IPO 募集资金投向变更有显著的负相关关系，因此，公司可以通过完善公司治理结构，来减少 IPO 募集资金投向变更现象。

（3）投资项目可行性分析上的技术失败原因

朱武祥（2002）从企业投资决策的财务分析视角指出，我国上市公司募集资金投资的财务可行性分析理念和内容规范没有为企业投资决策提供有效信息，甚至会误导投资决策，从而导致募集资金的投向变更。

刘志杰和姚海鑫（2009）通过对调查结果进行分析后认为，上市公司投资决策和程序不科学、对投资项目缺乏充分论证是造成变更募集资金投向的重要原因之一。

（4）其他原因

高利（2001）针对我国资本市场大面积、大规模更改募股资金投向行为分析认为，上市公司改变募集资金投向是其配合公司资产重组后经营方向改变和大股东变化的必然结果，也不排除部分公司存在"圈钱"在先、项目在后的做法。

刘勤等（2002）把上市公司变更募集资金投向原因区分为客观原因（善意变更）和非客观原因（恶意变更），并着重从非客观原因角度来分析问题。他们分析认为上市公司之所以随意变更募集资金投向，一方面是因为其纯粹出于"圈钱"的目的而随意拼凑投资项目，另一方面是因为其没有长远发展战略而盲目地跟风追逐市场的投资热点。

杨雪莱（2003）针对我国日渐突出的上市公司变更募集资金投向现象，从市场的角度分析了造成这种现象的原因，其得出的结论是：虽然上市公司变更募集资金投向存在诸多负面影响，但在某种程度上也是市场机制运作的必然结果，即追逐高价格与高投资收益率的市场利益驱动机制决定了上市公司在募集资金到位后往往会变更资金的原定投向。

范晓玲和张洪军（2008）认为上市公司业绩下降意味着募集资金投资项目的风险增加，因此公司会考虑募集资金投向的变更，也就是说，公司短期业绩下降是募集资金投向变更的一个原因。

郭昱和顾海英（2008）运用 Logistic 模型分阶段对影响首发募集资金投向变更的因素进行了回归分析，发现虽然闲置资金比例、公司规模和资产负债率会影响公司变更募集资金投向的决策，但它们都不是关键性因素，影响变更的关键性因素是净利润增长率。从而表明上市公司对IPO资金的变更从早期的随意变更转变为以提高盈利水平为目的的变更。

贺颖奇等（2011）以2010年9月的沪深300指数成分股中的300家上市公司作为样本，研究发现，募集资金规模越大、盈利能力越差、现金流越充足、成长性越差、负债率越低、大股东持股比例越低的公司，越可能进行募集资金投向变更。

叶若慧等（2014）选择2001—2011年我国沪深两市的所有A股上市公司为样本，研究审计师选择对募资投向变更的影响，其研究发现，审计师选择与募资投向变更负相关，且这种负相关关系会随着市场化程度的提高而增强。

曹春方等（2015）以2001—2009年A股地方国有上市公司为样本，研究了官员晋升压力如何影响地方国企募资投向变更，以及这种影响在政府和企业资源配置下的差异，其实证发现，官员晋升压力会导致更多的地方国企募资投向变更，在省区贷款投放越少或企业长期贷款较少时，官员晋升压力导致的募资投向变更概率更高。

1.1.2　上市公司变更募集资金投向后公司业绩的变化

刘少波和戴文慧（2004）以我国2000年度发行股票融资的322家上市公司作为研究样本，实证发现从中短期来看，上市公司变更募集资金投向，尤其是隐性变更和高比例显性变更对公司业绩产生了较大的负面影响。

李雪莲（2005）以我国1998—2001年在沪深两市发行股票融资的950家上市公司作为研究样本，跟踪其募股后三年的财务指标和募集资金使用状况，运用统计学方法研究发现，按承诺进行投资的公司的主营业务收入和净资产收益率均高于非法定变更公司，从而说明非法定变更募集资金投向为上市公司带来的是负面的影响。

原红旗和李海建（2005）实证分析了我国上市公司配股资金的使用情况，研究发现配股资金用于改善财务结构的公司的业绩要差于投资特定项目的公司，投资项目变更、投资进度变更都对上市公司业绩有明显的负面影响。

董屹（2006）以1994—2005年11年间发生过募资投向变更行为的我国上市公司作为研究对象，实证考察了公司经营绩效及其与募资投向变更行为特征的关系，得出的结论是：上市公司频繁地、大幅度地变更募集资金投向会引起累加的高成本从而导致上市公司总体绩效降低；上市公司在变更募集资金投向中所表现出来的"圈钱"动机，将使其偏离公司价值最大化的目标，从而对上市公司的经营绩效产生负面影响；上市公司往往会由于眼前短期利益的得失而作出变更募集资金投向的决策，这种决策的正确性将在长期内逐渐失效，从而导致上市公司的经营绩效在长期内下降。

俞乐（2006）以我国2000—2003年募集过资金并在随后的3年中发生了资金投向变更的上市公司作为研究对象，实证发现发生资金投向变更的上市公司比没有发生资金投向变更的上市公司业绩要差。

陈文斌和陈超（2007）通过对经样本筛选后的508家于1992—2000年上市的A股上市公司的募集资金使用情况进行长期的追踪与分析后，发现募集资金投向变更可能是造成A股首次公开发行（IPO）后长期盈利能力下滑的重要原因之一。

朱云等（2007）以1998—2001年沪深两市439个配股公司作为研究样本，通过对比滥用募集资金公司和未滥用募集资金公司的长期业绩后发现，募集资金滥用公司在发行后的长期会计业绩和市场业绩表现中均出现恶化，而未滥用公司的长期业绩并没有恶化。由此得出滥用募集资金是上市公司在发行股票后长期业绩恶化的主要原因这一研究结论。

邹彩芬和许家林（2007）实证发现农业上市公司募集资金投向变更短期内对企业经营绩效存在正向的显著性影响。

姜锡明和刘西友（2008）以我国上海证券交易所2005年度86家上市公司192项募集资金投向变更项目作为研究样本，实证考察了变更投向后新项目的投资效果。他们发现募集资金变更投向后，新项目取得预期收益的能力偏差，总体投资效果不佳。

杨全文和薛清梅（2009）通过构建多元线性回归模型，分析了我国上市公司募集资金投向变更与经营业绩之间的关系，其研究结果表明上市前后经营业绩下降幅度越大，越会引起募集资金投向变更，而这种变更能够改进公司未来的经营业绩。

严太华和廖芳丽（2015）以2000—2014年中国A股市场IPO的612家上市公司为样本，实证检验了不同股权性质上市公司IPO募集资金投向变更对长短期绩效的影响。研究结果表明：上市公司IPO募集资金投向变更对公司绩效有抑制影响，对公司短期绩效的抑制大于对中长期绩效的抑制；对非国有上市公司绩效的抑制大于对国有上市公司绩效的抑制。

1.1.3 实施募集资金投向变更行为的上市公司特征

刘少波和戴文慧（2004）以我国2000年度发行股票融资的322家上市公司作为研究样本，实证发现上市公司资产规模与资金投向变更呈显著负相关。

翟春燕和张为国（2005）以我国1999—2002年发生变更募集资金投向行为的665家A股上市公司作为研究样本，实证发现关联方交易金额越多、股权集中度和内部控制度越高、变更前一年年末持有现金越多的公司变更募集资金投向的程度越大；成长性越强的公司其变更程度则越小。

范晓玲和张洪军（2008）以2003—2006年改变了募集资金投向的178家沪深两市A股上市公司作为考察样本，回归发现上市公司资产规模越大、股权集中度越高、资产负债率越低、长期投资比例越低及净资产收益率越低，募资投向变更的概率越大。

王晓亮和俞静（2015）以我国2007—2013年定向增发上市公司为研究对象，并考虑了时间效应带来的变化，从公司股权结构变化角度来研究募集资金投向变更问题，其研究发现，上市公司机构投资者持股比例、股权制衡度与定向增发募集资金投向变更程度负相关。

1.1.4 投资者对上市公司变更募集资金投向行为的市场反应

刘斌等（2006）理论分析认为，当上市公司变更募资投向时，其逆向选择的结果将导致市场投资者只愿意对发生募资投向变更的上市公司股票支付质量最差公司股票的价格，即引起该公司的股票价格下跌，但他们的实证研究结果却表明在募资投向变更公告发出的前2至4天，累计非正常报酬率开始逐步上升，与理论分析的结果不符。由此他们得出我国上市公司发布的募集资金投向变更公告不具有信息含量，即是说，我国上市公司对募集资金的使用还尚未成为市场投资者进行投资决策的重要依据。

池明举（2006）以我国A股市场2004年进行过募集资金投向变更的121家上市公司作为研究对象，通过计算其超额收益率发现募集资金投向变更公告给上市公司带来了总体上显著的负面影响。

邹彩芬和许家林（2007）运用事件研究法实证研究了我国农业上市公司募集资金投向变更的市场反应情况，研究发现资本市场对农业上市公司募集资金投向变更持显著的正面反应。

杨全文和薛清梅（2009）以我国资本市场2000—2004年发生过募资投向变更行为的121家上市公司作为研究样本，利用事件研究法对募资投向变更之后的市场反应情况进行了实证研究，研究结果表明市场投资者对上市公司的募资投向变更消息持负向市场反应。

1.1.5 对变更募集资金投向行为的不同分类

刘勤等（2002）从主观原因和客观原因的角度将上市公司变更募集资金投向行为划分为善意变更与恶意变更两种类型。他们认为，由客观原因而导致的募资投向变更行为是一种善意变更行为；由主观原因导致的募资投向变更行为是一种恶意变更行为。

刘少波和戴文慧（2004）从是否履行了法定程序角度将上市公司变更募集资金投向行为划分为显性变更与隐性变更。其中，显性变更是指上市公司按照有关法律法规的规定履行了变更募集资金投向的法定程序，并在此过程中履行了信息披露等义务；而隐性变更是指募资投向变更行为既不通过法定程序变更募集资金用途，也未将募集资金用于承诺项目。

1.2 财务效应相关文献回顾

目前，虽然"财务效应"一词还未有统一、规范的概念界定，但学术界对财务效应的内涵探讨还是相当广泛的。

袁凤林（2005）结合经营者股权激励制度，分析了经营者股权激励可能带来的财务正效应和财务负效应。他认为经营者股权激励下的财务正效应包括不断吸收和留住优秀人才、降低激励成本、降低代理费用、矫正经营者的短视心理、减少企业所得税、改变公司资本结构；财务负效应则包括可能给公司合理安排激励资金带来难题、增加公司债权人风险和使公司整体蒙受财务损失。

刘爱东和罗敏（2006）分析了企业会计制度中谨慎性原则对企业财务效应的影响，他们分析后发现，企业能否在激烈的市场竞争中生存和发展与其是否能够较好地运用谨慎性原则密切相关。当企业较好地运用谨慎性原则时，其生存能力将更强，否则企业会很快陷入财务困境。

李心福（2007）以1998—2005年间发生过股权重组事项的我国深沪两市上市公司作为研究样本，通过对比股权重组当年的销售利润率与股权重组之前3年的平均销售利润率指标来分析公司重组股权的财务效应。他发现大多数股权重组事项并没有产生理想的财务效应，而这些财务效应不理想的股权重组事项一般都与关联方之间的利益输送行为或利益掏空行为等密切相关。

周俊和薛求知（2008）以1995—2005年间在我国发生的32起外资并购上市公司事件作为研究样本，通过研究发现在并购后的2年内，目标公司的偿债能力、盈利能力、营运能力、成长能力和综合能力都没有显著提高。他们在影响因素的多元线性回归中进一步发现，并购后前两年的综合财务绩效与公司间的文化距离负相关，与行业相关性正相关；第一大股东为外资的目标公司比第一大股东为非外资的目标公司能够更有效地改善公司财务绩效，但其统计意义并不显著；经验丰富的外资主并方能够在并购后改善目标公司的综合财务业绩，而经验欠缺的主并方则在并购后降低了目标公司的综合能力。

崔丽萍和肖彦（2009）针对我国企业整体上市现象，通过建立线性回归模型，实证分析发现我国企业整体上市能够给企业带来显著的价值效应、财务目标效应和公司规模扩大及协同效应。

杨文杰（2009）分析认为，企业并购带来的财务效应包括抵减税收、减少市场交易成本、提高财务运作能力以及引起股票市场对股票的评价发生改变。这与冯巧根（1999）和宋献中（2000）对企业并购中财务效应的分析大同小异。

另外，姜革非（2005）、王春和祝锡萍（2005）、贾梅英（2009）等还分别就国有股减持、以股抵债、债务重组准则变化等事项所引起的财务效应进行了研究。

1.3 对现有研究文献的评价

从前面的募集资金投向变更相关文献回顾中我们可以看出，目前学术界对募集资金投向变更问题已经进行多角度的广泛研究，包括：上市公司变更募集资金投向的原因、上市公司变更募集资金投向后公司业绩的变化、实施募集资金投向变更行为的上市公司特征、投资者对上市公司变更募集资金投向行为的市场反应、对变更募集资金投向行为的不同分类等多个方面，但尚未发现有学者从财务效应的角度来研究募集资金投向变更行为。这不能不说是一种缺陷与遗憾。

同样，我们从前面的财务效应相关文献回顾中可以看出，目前学术界对财务效应的研究也是非常广泛的，涵盖了股权激励制度、股权重组、企业并购、整体上市、以股抵债、国有股减持、债务重组准则变化、谨慎性原则运用等多角度、多层次财务事项所引起的财务效应，但还没有发现有文献对募集资金投向变更所引起的财务效应进行研究。

可见，虽然目前学术界不乏研究"募集资金投向变更"领域和"财务效应"领域的文献，但明确地对这两个领域的交集领域进行研究的公开文献却几乎没有。鉴于此，本书将对募集资金投向变更的财务效应进行研究。

值得一提的是，由于上市公司可能将被变更投向的募集资金用于不同的财务事项（比如，用于补充公司的流动资金、收购控股大股东优质资产、对子公司进行增资扩股、对其他主业或非主业的项目进行投资等），而不同的财务事项所引起的财务效应的具体构成内容又可能不完全相同（比如，将募集资金用于补充公司流动资金后可能增强公司的短期支付能力，将募集资金用于收购控股大股东优质资产或对子公司进行增资扩股后可能迅速提高公司的近期业绩，将募集资金用于其他主业或非主业的投资项目后则可能降低公司经营风险或提高资金使用效率），因此，受研究主题及篇幅所限，本书将只对上市公司变更募集资金投向后的终极财务效应（业绩变化和股价变化）进行探讨。

进一步地，募集资金投向变更所引起的股价变化从时间范围上讲有短期股价变化和长期股价变化之分。但由于长期股价变化会受到市场基本面的影响，难以分辨出仅由募集资金投向变更所引起的股价变化程度，因此，本书的财务效应并不考察上市公司变更募集资金投向后长期股价的变化。对于短期股价变化，由于不但其考察时间与事项发生的时间接近甚至重叠，而且在具体研究中还会通过剔除噪音样本和调整收益等具体措施进行处理，因此，它能够较近似地反映出由变更募集资金投向所引起的股价变化及其程度。因此，募集资金投向变更所引起的短期股价变化被纳入了本书的财务效应研究范畴，并被定义为市场投资者对上市公司变更募集资金投向行为的预期财务效应。

第 2 章　上市公司变更募集资金投向基本特征

　　探讨上市公司募集资金投向变更行为基本特征的首要前提是确定何为募集资金投向变更行为？从已有研究文献来看，有的学者认为项目资金的增减不属于募集资金投向变更行为，而有的学者却认为项目资金的增减属于募集资金投向变更行为，甚至还有学者认为募集资金被闲置时间超过一定时长后也属于实质上变更了募集资金投向，因此，学术界对上市公司变更募集资金投向行为的界定尚存在争议。目前，较有代表性的定义是"上市公司公开发行股票所募集资金，没有按照招（配）股说明书的有关承诺进行投资，因而改变了原定的资金投向"（刘少波和戴文慧，2004）。该定义较好地描述了上市公司变更募集资金投向行为现象，但是不够具体化。我国深圳证券交易所对上市公司变更募集资金投向行为给出了明确规定，即，凡是存在下列情形的行为将被视为改变了募集资金投向：(1) 取消原募集资金项目，实施新项目；(2) 变更募集资金投资项目实施主体（实施主体由上市公司变为全资子公司或者由全资子公司变为上市公司的除外）；(3) 变更募集资金投资项目实施方式。

深圳证券交易所是我国上市公司监管机构的重要组成部分之一，其对上市公司变更募集资金投向行为的定义具有相对较高的权威性，因此，本书以深圳证券交易所所界定的募集资金投向变更情形作为样本选择标准，以巨潮资讯网站和证券时报网站所发布的上市公司对外公告作为研究样本来源，对我国资本市场自1990年年末建市以来发生过募集资金投向变更行为的上市公司进行样本搜集，共获得2 610个样本，涉及1 525家上市公司，涵盖中国证券监督管理委员会行业分类指引中的18个门类行业。公告样本在各年度的具体分布情况见表2-1。

表2-1　　　募集资金投向变更公告样本在各年度的分布情况

年　　度	1993	1994	1995	1996	1997	1998	1999	2000	2001
公告个数	3	1	1	0	7	21	41	54	137
年　　度	2002	2003	2004	2005	2006	2007	2008	2009	2010
公告个数	140	126	117	104	89	128	122	70	87
年　　度	2011	2012	2013	2014	2015	2016	2017	2018	总计数
公告个数	127	117	109	148	156	165	233	307	2 610

资料来源：作者根据相关资料整理。

通过对募集资金投向变更公告样本进行分析，作者发现我国上市公司变更募集资金投向行为存在以下特征：（1）上市公司变更募集资金投向行为涉及面广，不但涉及的上市公司数量众多、行业分布广泛，而且股票市场各板块均有相当数量的上市公司存在募集资金投向变更行为；（2）上市公司变更募集资金投向行为的发生频率非常高，有17.74%的上市公司存在再次变更募集资金投向行为，部分样本公司变更募集资金投向行为的累计次数甚至高达9次之多；（3）上市公司被变更投向的募集资金金额较大，平均每个样本公告有21 700万元（中位数为9 633万元）的募集资金被变更了原定投资项目，这些被变更原定投资项目的资金占相应募集资金净额的平均比例为26.06%（中位数为19.95%），即是说，平均来讲，上市公司所募集资金中至少有近五分之一的资金会被变更原定投资方向，如果考虑隐性变更行为以及同一批次募集资金可能被多次变更原定投资项目等情况，则上市公司所募集的资金被变更原定投资项目的比例会更高。

2.1 涉及面广

2.1.1 变更募集资金投向的上市公司数量众多

上市公司变更募集资金投向行为之所以会引起新闻媒体和证券监管机构的关注，其中一个重要原因就是这种行为不再是个别案例，而是已经成为一种普遍的市场现象。根据表 2-2 中的统计数据，我们可以清晰地发现，自 2001 年以来，在绝大多数年份中，实施募集资金投向变更行为的上市公司的绝对数量基本都在 100 家以上（除 2005 年、2006 年、2009 年和 2010 年以外），而且这仅仅是一个非常保守的统计数据，如果考虑可能被遗漏的募集资金投向变更公告以及隐性变更行为，则变更募集资金投向的上市公司家数将会更多。由于当前我国资本市场正处于不断发展之中，每年都有新企业加入上市公司行列，因此，本书将各年变更募集资金投向的上市公司数量与当年资本市场的上市公司数量进行比较，以此考察我国资本市场各年变更募集资金投向的上市公司数量比例有何变化特征。计算结果见表 2-2，变化趋势如图 2-1 所示。数据显示，我国资本市场在 2001 年变更募集资金投向的上市公司数量占当年上市公司数量的比例最高，达到了 11.12%，即是说，平均每 100 家上市公司中，就有 11 家上市公司对募集资金的原定投资方向进行了改变。此后，随着资本市场监管制度的完善，变更募集资金投向的上市公司比例逐年波动下降，在 2010 年达到了最低值（3.93%），平均每 100 家上市公司只有不到 4 家上市公司会改变原定的募集资金投向。但是，自 2010 年之后，我国资本市场变更募集资金投向的上市公司比例又转向波动上升趋势，尤其在 2016 年以来表现得尤为明显，在 2018 年达到平均每 100 家上市公司就有超过 8 家上市公司会改变募集资金原定投资方向。

表 2-2　　　募集资金投向变更公告所涉及的上市公司数量
在各年度间的分布情况

年度	样本公司	上市公司总数	占比	年度	样本公司	上市公司总数	占比
1993 年	3	183	1.64%	2006 年	79	1 434	5.51%
1994 年	1	291	0.34%	2007 年	112	1 550	7.23%
1995 年	1	323	0.31%	2008 年	110	1 625	6.77%
1996 年	0	530	0.00%	2009 年	68	1 718	3.96%
1997 年	7	745	0.94%	2010 年	81	2 063	3.93%
1998 年	21	851	2.47%	2011 年	114	2 342	4.87%
1999 年	38	949	4.00%	2012 年	115	2 494	4.61%
2000 年	54	1 088	4.96%	2013 年	102	2 489	4.10%
2001 年	129	1 160	11.12%	2014 年	138	2 613	5.28%
2002 年	131	1 224	10.70%	2015 年	143	2 827	5.06%
2003 年	115	1 287	8.94%	2016 年	152	3 052	4.98%
2004 年	108	1 377	7.84%	2017 年	214	3 485	6.14%
2005 年	95	1 381	6.88%	2018 年	296	3 584	8.26%

资料来源：作者根据相关资料整理。

2.1.2　变更募集资金投向的上市公司所涉及行业分布广泛

根据中国证券监督管理委员会发布的《上市公司行业分类指引》，上市公司变更募集资金投向样本公司涉及其中的 18 个门类行业。样本公司在各行业的分布情况见表 2-3。

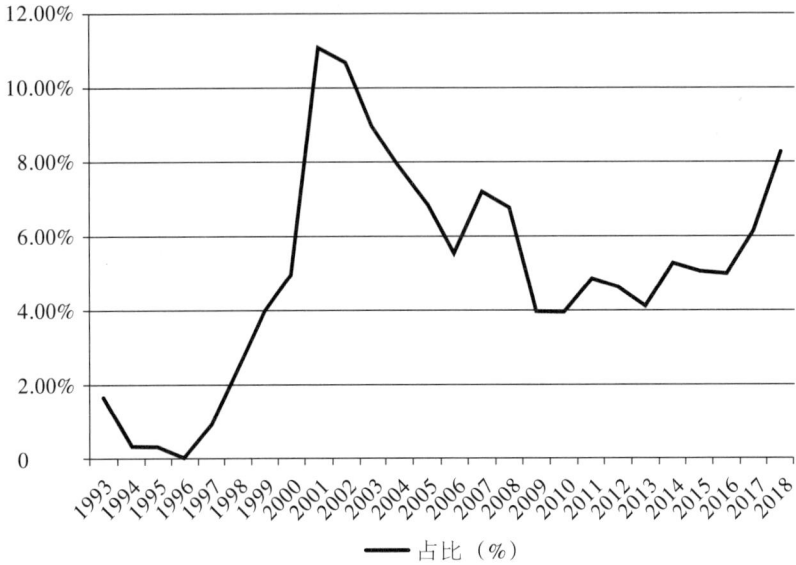

图 2-1　募集资金投向变更样本公司数量比例在各年度间的变化

表 2-3　　　　募集资金投向变更公告所涉及的上市公司

在各行业的分布情况

行业代码	行业名称	样本公司数	该行业上市公司总数	样本公司占比
A	农、林、牧、渔业	30	41	73.17%
B	采矿业	42	77	54.55%
C	制造业	941	2 247	41.88%
D	电力、热力、燃气及水生产和供应业	43	109	39.45%
E	建筑业	43	98	43.88%
F	批发和零售业	92	164	56.10%
G	交通运输、仓储和邮政业	36	102	35.29%
H	住宿和餐饮业	7	9	77.78%
I	信息传输、软件和信息技术服务业	107	265	40.38%

续表

行业代码	行业名称	样本公司数	该行业上市公司总数	样本公司占比
J	金融业	17	91	18.68%
K	房地产业	56	127	44.09%
L	租赁和商务服务业	24	52	46.15%
M	科学研究和技术服务业	11	49	22.45%
N	水利、环境和公共设施管理业	18	48	37.50%
P	教育业	3	5	60.00%
Q	卫生和社会工作业	9	10	90.00%
R	文化、体育和娱乐业	33	58	56.90%
S	综合业	13	23	56.52%
合　计		1 525	3 575	42.66%

资料来源：作者根据相关资料整理。

从表2-3中的统计数据可知，募集资金投向变更样本公司数量最多的行业是制造业（涉及941家上市公司），样本公司数量最少的行业是教育业（仅涉及3家上市公司）。本书认为，这可能与各行业上市公司总数有关，因为上市公司数量越多的行业，其发生募集资金投向变更行为的绝对数量通常也会越多。

从各行业样本公司数量占该行业上市公司总数量的比例来看，比值最高的行业是卫生和社会工作业（比值为90%），比值最低的行业是金融业（比值为18.68%），加权平均比值为42.66%（1 525÷3 575×100%）。其中，卫生和社会工作业（Q）、住宿和餐饮业（H）、农林牧渔业（A）、教育业（P）、文化体育和娱乐业（R）、综合业（S）、批发和零售业（F）、采矿业（B）的比值都在50%以上，且明显高于平均比值，如图2-2所示。

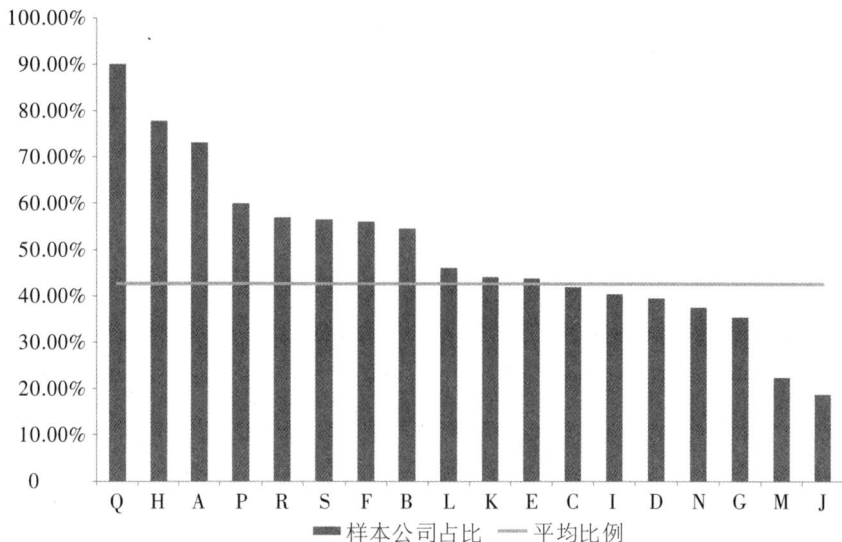

图2-2　募集资金投向变更公告所涉及的上市公司在各行业的分布情况

这说明，上述行业的上市公司更倾向于变更募集资金投向。究其原因，这或许与上市公司所在行业的产品附加值高低有关。对于高附加值行业，由于其募集资金投资项目盈利能力强，因此，如果没有特别情况出现，这些行业的上市公司一般不会改变所募集资金的原定投资项目。而对于低附加值行业来讲，为了顺利获得募集资金，其在申请融资阶段就可能存在虚假申报投资项目的可能性，这将为今后变更募集资金投向埋下伏笔。即使在申请融资阶段未对融资项目进行虚假申报，但作为以盈利为目的的社会经济组织，低附加值行业中的企业也更有可能在经济利益的驱使下改变原定投资项目而转投其他盈利能力较高的投资项目。

2.1.3　股票市场各板块均有相当数量的上市公司存在募集资金投向变更行为，且主板和中小企业板上市公司更易于变更募集资金投向

我国股票市场经过近30年的建设与发展，现已形成主板、中小企业板和创业板三个板块相互补充、协调发展的多层次资本市场体系。根据我国证券监管相关法规制度，各板块上市公司在上市条件及盈利预期等方面都存在较大差别。因此，不同板块上市公司在融资申请及募资使用等方

面也可能存在较大差异。为了了解并分析不同板块上市公司在募集资金投向变更方面可能存在的差异，本书按照上市公司所属板块类别进行分类，分别计算各板块变更募集资金投向的上市公司数量，以及该数量占对应板块上市公司总数量的比例（见表2-4中的"占比1"）。为了探讨不同板块上市公司在变更募集资金投向方面的行为惯性特征，作者还计算了较高频次变更募集资金投向的上市公司数量占较低频次变更募集资金投向的上市公司数量的比例（见表2-4中的"占比2"至"占比5"）。

根据表2-4的计算结果，我们可以看出：（1）根据"占比1"的经验数据，各板块都有相当数量的上市公司存在变更募集资金投向行为，创业板上市公司中有近1/3的上市公司存在变更募集资金投向行为，而主板上市公司的这一比例更是接近1/2；（2）根据"占比2"至"占比5"的经验数据，发生过募集资金投向变更行为的主板和中小企业板上市公司，在接下来的募集资金使用过程中，有40%以上的概率会继续发生募集资金投向变更行为；（3）主板和中小企业板上市公司变更募集资金投向的上市公司数量占相应板块上市公司总数量的比例明显高于创业板上市公司的对应比值（见表2-4中的"占比1"），而且，发生过募集资金投向变更行为的主板和中小企业板上市公司，在接下来的募集资金使用过程中，其继续发生募集资金投向变更行为的概率也明显高于创业板上市公司，即主板和中小企业板上市公司在变更募集资金投向方面的行为惯性强于创业板上市公司（如图2-3所示）。

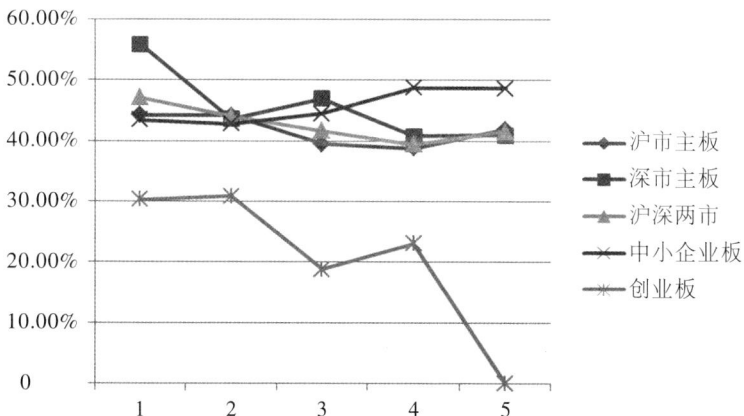

图2-3　各板块上市公司变更募集资金投向行为比较

表2-4　　**各板块上市公司变更募集资金投向情况统计**

板块类别		该板块上市公司总数 ①	变更募集资金投向 达1次样本公司 ②	占比1 =②÷①	累计变更募集资金投向 达2次样本公司 ③	占比2 =③÷②	累计变更募集资金投向 达3次样本公司 ④	占比3 =④÷③	累计变更募集资金投向 达4次样本公司 ⑤	占比4 =⑤÷④	累计变更募集资金投向 达5次样本公司 ⑥	占比5 =⑥÷⑤
主板	沪市	1 441	637	44.21%	281	44.11%	111	39.50%	43	38.74%	18	41.86%
	深市	473	264	55.81%	115	43.56%	54	46.96%	22	40.74%	9	40.91%
	沪深	1 914	901	47.07%	396	43.95%	165	41.67%	65	39.39%	27	41.54%
中小企业板		922	400	43.38%	171	42.75%	76	44.44%	37	48.68%	18	48.65%
创业板		739	224	30.31%	69	30.80%	13	18.84%	3	23.08%	0	0

资料来源：作者根据相关资料整理。

注："占比1"的含义是指首次变更募集资金投向的上市公司数占对应板块上市公司总数的比例，根据该指标值可以判定各板块上市公司变更募集资金投向行为的发生概率；

"占比2"的含义是指再次变更募集资金投向的上市公司数占首次变更募集资金投向的上市公司数的比例，根据该指标值可以判断上市公司在首次变更募集资金投向后，会有多大概率再次变更募集资金投向；

"占比3"的含义是指累计第3次变更募集资金投向的上市公司数占累计第2次变更募集资金投向的上市公司数的比例，根据该指标值可以判断上市公司在第2次变更募集资金投向后，会有多大概率进行第3次募集资金投向变更行为；

"占比4"的含义是指累计第4次变更募集资金投向的上市公司数占累计第3次变更募集资金投向的上市公司数的比例，根据该指标值可以判断上市公司在第3次变更募集资金投向后，会有多大概率进行第4次募集资金投向变更行为；

"占比5"的含义是指累计第5次变更募集资金投向的上市公司数占累计第4次变更募集资金投向的上市公司数的比例，根据该指标值可以判断上市公司在第4次变更募集资金投向后，会有多大概率进行第5次募集资金投向变更行为。

根据"占比1"至"占比5"指标值的连续变化情况，可以判断上市公司变更募集资金投向行为是否存在惯性特征。

2.2 发生频率高

这里的发生频率是指同一家样本公司变更募集资金投向行为的累计发生次数。本书搜集的样本公司变更募集资金投向行为的累计变更次数统计情况见表2-5。从表2-5中可以看出，我国上市公司变更募集资金投向行为的累计发生频率非常高，有42.55%的上市公司存在募集资金投向变更行为，有17.74%的上市公司存在再次变更募集资金投向行为，变更3次的上市公司比例也有7.09%。可见，从样本总体来看，我国上市公司变更募集资金投向行为的发生频率高。就单个上市公司来看，累计变更频率最高的竟达9次之多（股票代码：000897及000159）。如果说变更募集资金投向是上市公司管理层为了适应外部经营环境的变化而作出的投资决策调整，那么，如此高频率地因"环境的变化"而调整投资决策则反映了上市公司管理层募集资金之前对投资项目缺乏预见性而导致投资决策水平低下，抑或募集资金所涉及的投资项目本身就存在虚构、编造之嫌。不论是哪一种情况，都不利于股东价值最大化的实现。

表2-5 　　　　上市公司变更募集资金投向行为发生频率

累计频率	1	2	3	4	5	6	7	8	9
公司家数	1 525	636	254	105	45	24	13	6	2
占比（%）	42.55	17.74	7.09	2.93	1.26	0.67	0.36	0.17	0.06

资料来源：作者根据相关资料整理。

注：本表"占比"是指该变更频率所涉及的上市公司数量占2018年年底全部上市公司数量（3 584）的比例。另外，由于"累计频率"是1993—2018年共计26年间的累计发生次数，而本表在计算"占比"值时，所用分母却是2018年年底的上市公司数量，考虑到我国资本市场上市公司数量在这26年中由少变多，每年都在不断增加，因此，实际的"占比"值将高于本表对应的"占比"值。

2.3　变更金额大

以本书收集到的2 610个募集资金投向变更公告样本作为考察对象：①从单个样本所涉及的被变更投向的资金金额绝对值来看，最少的是100万元，最多的是1 743 900万元，平均值为21 700万元（中位数为9 633万元）。②从单个样本所涉及的被变更投向资金金额占对应募集资金净额的相对比例来看，最小的是0.23%，最大的是100%，平均比例为26.06%（中位数为19.95%）。③从全部样本来看，有49.85%的样本公告的变更投向的募集资金金额占对应募集资金净额的比例达到了20%及以上；有12.61%的样本公告的变更投向的募集资金金额占对应募集资金净额的比例达到了50%及以上。如果考虑同一次募集的资金可能被多次变更投向，则上市公司单次募集的资金被变更投向的资金比例会更高。

可见，无论是从绝对资金金额来看还是从相对资金比例来看，无论是从单个样本来看还是从样本总体来看，我国上市公司被变更投向的募集资金金额都比较大。由此，上市公司变更募集资金投向行为受到新闻媒体的普遍关注以及证券监管部门的持续监管也就不足为奇了。

第3章 上市公司管理层预期的财务效应：
基于不可逆投资理论的分析

投资活动是上市公司经营管理活动的主要内容之一。它是上市公司实现价值增长的根本源泉。但投资有风险，投资过程中充满了极大的不确定性，任一预期条件的变化都可能导致投资结果对投资预期目标的偏离。降低投资风险的有效方法就是做好事前调查与研究工作。因此，为了保护投资者利益，证券监管部门要求上市公司融资前必须要有明确的投资项目，要对拟投资项目的可行性作出细致、周密的调查研究（包括投资项目名称、投资金额、投资时间、投资收益以及可能存在的投资风险等），并以书面报告的形式将调研结果逐级上报审批，获得批准后方可上市融资。按理讲，这些经过层层审核、层层把关的募集资金投资项目的风险是可以控制的，其预期收益是稳定且可靠的，在具体实施投资时不应该再出现（至少不应该大面积出现）否定其投资项目可行性分析结论的情况。然而，实践情况表明变更募集资金投向行为在我国上市公司中并不是个案，而是具有大面积、高金额、高频率变更特征的普遍市场现象。这值得我们思考与研究。

　　综观募集资金投向变更公告，我们可以发现各家上市公司在其募集资金投向变更公告中都声称，由于经营环境发生了不利于原定投资项目的客观变化，因此，为了"更好回报股东""提高公司经济效益，维护投资者权益""提高募集资金使用效率和效益"，它们才迫不得已变更原定募集资金投向。言外之意，他们预期变更募集资金投向将产生良性财务效应。刘志杰和姚海鑫（2009）的问卷调查结果也显示，81%的受访者（董事长、总裁、副总裁、财务总监、董事会秘书、证券部长及证券事务代表）认为变更募集资金投向后公司业绩会有所改善或者有显著改善。事实真的如此吗？这或许只有上市公司管理层才能给出准确答案。作为局外人，我们无从得知。

　　由于已有研究文献表明，我国股份公司在上市过程中从立项到最终上市需要两年左右的时间，市场或政策的变化确实是募资投向变更的重要原因（易曼，2003），且投资理论的发展历程也凸显了学术界对公司投资环境不确定性的认可与重视。因此，本书拟立足于上市公司管理层角度，运用不可逆投资理论（Theory of Irreversible Investment）对上市公司变更募集资金投向行为进行理论分析，以此探讨其预期财务效应的合理性。

3.1　不可逆投资理论的产生背景

　　如果说"投资→追求利润"是企业生存与发展的主线，那么，对于某一特定投资项目来说企业是否应该进行投资、应该何时投资以及应该投资多少等则是困扰企业管理层的永恒话题。有些企业因选错投资项目而出现严重亏损甚至整个企业被拖累至破产；有些企业因对投资时机把握不准而错失良机；还有些企业因对投资规模评估失误而未能带来最佳经济效益。现实的经验教训告诉我们，作为实践活动的企业投资行为亟需一套理论予以指导，以规避投资风险、提高投资效率。为此，人们进行了不懈努力。

　　在总结学术界长期以来所形成的研究成果的基础之上，以乔根森（Jorgenson）为代表的一批经济学家于20世纪60年代提出了资本成本投资理论。他们认为，如果产品价格高于产品长期平均成本，则现有企业会进一步扩大投资规模，同时，那些尚未进入该产业的企业也会积极争取进入该产业，从而推动这一产业的发展。但随着产品供给量的逐渐增加，产品价格会逐渐下降，当产品价格下降至低于产品平均可变成本时，现有企业将会停止生产该产品甚至退出这一产业，尚未进入的企业也会停止进入。这时，产品供给量就会减少，产品价格会相应上涨。经过产品供需双方市场力量的多次博弈之后，产品价格就会处于一个均衡状态。对应于均衡状态的资本存量即为合意的资本投入量。由此可以看出，资本成本投资理论的倡导者认为，产品价格与产品长期平均成本间的比较是影响企业是否投资以及在何时进行投资的决定性因素；产品价格与平均可变成本间的比较是影响企业何时停产或者何时退出该产业的因素；产出量、产品价格以及投资所用资本的成本则是影响合意资本投入量的决定性因素。

然而，企业的投资行为并非只会受到企业内部因素的影响，它还会受到来自企业之外的因素影响，尤其是受到市场对企业未来利润预期的影响。因此，为了从更广的角度来考察投资问题，詹姆斯·托宾（James Tobin）于1969年提出了托宾Q投资理论，并将托宾Q值定义为资产的市场价值与这些资产重置成本的比率。对于企业投资行为而言，托宾Q值的经济含义即是比较按风险调整的企业未来预期现金流量现值之和是否大于给企业带来现金流量的相应资本成本。当托宾Q值大于1时，说明企业投资行为的预期价值大于投资成本，即证券市场认为企业是"财富的创造者"，其投资行为将会为社会创造财富，这就会进一步刺激企业进行投资；反之，当托宾Q值小于1时，说明企业投资行为的预期价值小于投资成本，即证券市场认为企业是"财富的缩水者"，其投资行为将会浪费社会资源，这就会抑制企业进行投资。可见，在托宾Q投资理论下，企业是否投资、何时投资以及投资多少等投资问题不再只是依据企业内部情况来作出判断，而是需要充分考虑到企业之外的市场因素的影响方能作出正确判断。同时，企业作出投资决策所用信息也不再仅仅局限于过去的历史信息，而是要同时考虑市场对企业未来的预期信息，这又使企业的投资决策动态化了。也正因为如此，托宾Q投资理论在相当长的时期内成为投资理论的主流。

但是，不论是乔根森的投资理论，还是托宾的托宾 Q 投资理论，都是建立在一系列与现实经验相抵触的假设条件之下的（比如，投资者完全理性并且具有无限的计算能力、市场信息完全对称、各种情况出现的概率完全可知等），将事实上复杂的不确定性问题人为地简化成了简单的确定性问题。这种人为假设对客观事实的偏离，导致了学术界在后来实证检验中的失败。这就要求理论研究者们必须提出一种更加接近实践的投资理论，以用于解释投资行为，指导投资决策。不可逆投资理论就在这样的背景下诞生了。

3.2　不可逆投资理论的主要内容

与传统投资理论注重对投资实践进行主观抽象相比，不可逆投资理论更加注重对投资实践进行客观描述，并力图从客观投资实践中总结投资规律。该投资理论认为，投资机会实际上可以被看作是一个在不同时点上购买资产的选择权。一旦作出了实施投资的决策，就相当于企业放弃了其他有可能更合意的投资选择权。因此，选择投资的最低标准不能仅仅是净现值（net present value，NPV）等于零，而是必须大于零。这个大于零的数值就是放弃其他有可能更合意的投资选择权的机会成本。该理论的建立基于投资过程的以下三个基本特征：

（1）投资决策必须考虑未来收益的不确定性

获取收益是企业实施投资的根本动机所在，也是企业得以生存和发展的内在经济保证。然而，收益总是不确定的，而且获取收益的时间越长，不确定性就越大。在通常情况下，理性的投资者都是用概率来评估、测算投资的可能回报，而不是简单地给出一个估计数。在现实中，我们也可以发现那些持久成功的企业往往都是投资决策相对稳健的企业。这些企业为了避免将来收益的无序波动可能给企业带来的负面影响，往往都将投资的预期回报率必须大于资本成本 3 ~ 4 倍甚至以上作为进行投资的前提条件之一（王海滋，2007）。可见，投资收益的不确定性从环境变化的角度说明了投资的固有风险性。它要求企业在进行投资决策时必须谨慎，在追求投资收益的同时也要注意防范投资风险。

（2）投资具有很大的不可逆性

投资所形成的资产（尤其是长期使用的生产设备等固定资产）往往具有专用性的特点。这些资产一旦投入使用，其最初的投资成本就会或多或少地变成沉没成本，不可能再通过出售等形式来完全收回投资。这就是投资的不可逆性。Robert S. Pindyck（1991）指出，在大多数情况下投资都具有不可逆性，当投资环境发生变化时，投资所形成的资产没有在不遭受损失的情况下就能变现的可能性。投资成本的不可逆性从资产专用性的角度再次说明了投资的固有风险性。它同样要求企业在进行投资决策时必须谨慎，要注意防范投资风险。

（3）等待投资是有价值的

投资收益的不确定性与投资成本的不可逆性既表明了投资的风险性，也说明了推迟投资或等待投资的价值性。实践表明，投资的"等待价值（value of waiting）"是相当可观的，尤其是在一个具有高度不确定性的投资环境中更是如此。Arrow（1968）在提出不可逆性观点时就认为，由于不确定性的存在，不可逆性在投资成本和它对利润的边际贡献之间嵌入了一个楔子（wedge），将投资成本和投资利润分隔开来。因此，投资决策者为了获取更多的关于投资的未来信息以避免投资决策失误，他们往往会选择推迟投资或等待投资，而不是立即投资。但是，投资决策者也不能无休止地等待下去，因为无休止的盲目等待又会使企业最终失去诸多有价值的投资机会。最佳投资决策就是在等待新信息的价值与推迟投资的成本之间进行权衡，当等待新信息的价值大于推迟投资所带来的成本时，就推迟投资（即等待投资）；否则就应该立即投资。

3.3 不可逆投资理论对我国上市公司变更募集资金投向行为的解释

严格按照招股说明书或者配股说明书所确定的投资项目来使用募集资金，既是我国证券监督管理部门对上市公司规范使用募集资金的基本行为要求，也是上市公司信守承诺、维护自身市场形象的应有表现。然而，在我国上市公司实际使用募集资金的过程中却出现了大面积、高金额、高频率变更募集资金原定投资项目的市场现象。这已引起我国学术界、新闻媒体等外部人的广泛关注，并受到来自各方的绝大多数人的批判。为了约束和规范上市公司随意变更募集资金投向行为，维护资本市场正常秩序，充分发挥资本市场优化配置社会资源的基本功能，我国证券监督管理委员会、上海证券交易所、深圳证券交易所从2001年起连续发布了一系列相关规章制度，明确要求上市公司要规范使用募集资金。在一系列规章制度的硬性约束之下，我国上市公司随意变更募集资金投向行为有所下降。但自2010年起，我国资本市场变更募集资金投向的上市公司比例又转向波动上升趋势，尤其在2016年以来表现得尤为明显。

那么，我国上市公司在如此严厉的监管环境之下为什么仍然热衷于变更募集资金投向呢？其变更募集资金投向行为的动机又可作何解释？本书认为，如果上市公司披露的变更募集资金投向原因（即投资环境发生了不利变化）属实，那么在立足于上市公司管理层视角的前提下，不可逆投资理论则在一定程度上诠释了我国上市公司变更募集资金投向的原因和动机。

第一，我国上市公司发行股票融资制度属于项目型股票融资制度。在这一融资制度之下，上市公司要想在资本市场上顺利融通资金，就必须要有投资项目。而投资项目往往不但投资规模巨大，而且会涉及大量的具有专用性的固定资产投资。因此，一旦投资项目开工实施，如果投资项目进展不如预期所料而欲退出该投资项目，则该投资项目的已投入的资本就难以全额收回。可见，我国上市公司募集资金投资项目具有很大的不可逆性。从这一点来讲，我国上市公司管理层审慎变更募集资金投向是有益于市场投资者的。况且，在我国获得"上市融资资格"对于上市公司来讲属于一种稀缺资源，因此，大量上市公司一旦获得上市公司资格，往往会夸大项目资金需求甚至完全虚构投资项目以充分利用这一稀缺资源。这必然会为募集资金到位之后的"项目不可行"埋下伏笔。在这种情况下，上市公司管理层变更募集资金投向也是有益于股东利益的。这说明他们还是有一定的责任心，并不想把从市场投资者那里融入的资金随意浪费掉。

第二，经营环境的不确定性同样影响着我国上市公司的投资项目决策，考虑到我国资本市场的"政策性"特征，不确定性带来的影响力度更大，范围更广。比如，北新集团建材股份有限公司（简称"北新建材"，股票代码：000786）在 2002 年 4 月 22 日的变更募集资金用途公告中声称，由于互联网络经济已经发生全球性的衰退，导致当前电子商务的市场环境急剧恶化，如果继续实施"中国建材电子商务总网项目"，则实现该投资项目收益将会遇到较大的障碍，因此，公司董事会和管理层本着实事求是、科学决策的态度，拟对该募集资金投资项目进行变更投资。另一投资项目"特种晶体新材料项目"，也由于受到国际 IT 产业不景气的影响，导致国内外厂商对该项目产品的订货量大幅下降，从而不得不缩减原定投资规模，并将剩余资金改投新项目。再比如，华闻传媒（000793）在 2007 年 10 月 9 日的变更募集资金投资项目公告中声称，由于公司未能取得万宁（兴隆）管道燃气项目建设用地的土地使用权，从而影响了"万宁市管道燃气工程"项目的实施计划和收益，进而该项目资金被变更投向也在所难免。

第三，我国上市公司面临的经营环境的不确定性及募集资金投资项目所涉及投资成本的不可逆性决定了上市公司管理层确实有必要在具体实施投资项目之前持审慎态度来对原定投资项目的可行性再次作出评估与判断，对于已经不再具备投资可行性的项目就应该予以推迟投资以等待投资环境的有利转变或者直接予以放弃投资，将募集资金投入到有更高投资收益的新项目中去。

可见，在立足于上市公司管理层视角的前提下，不可逆投资理论较好地诠释了上市公司变更募集资金投向的原因和动机，即上市公司变更募集资金投向是为了顺应投资环境的变化以维护市场投资者利益，其最直接的表现就是改善公司业绩，提升公司股价，即实现良性财务效应。

第4章　市场投资者预期的财务效应：
市场反应检验

　　上市公司在对外发布的募集资金投向变更公告中都明确表示了其善意的变更动机——维护股东利益，即预期会实现良性财务效应。那么作为外部人的市场投资者对上市公司的这一经营决策又会持有怎样的财务效应预期呢？我们当然无法对每一位市场投资者的预期财务效应作出具体调查，但是我们可以通过观察上市公司发布变更募集资金投向公告后的股票价格波动情况来对市场投资者的预期财务效应作出判断。

　　目前国内外已有的大量研究文献都表明，上市公司对外发布公告时会引起该公司的股票价格在公告日及其附近出现异常波动，即当市场投资者判断认为该公告所披露的信息是利好消息时，他们就会"用手投票"，股票价格随之异常上涨；反之，当市场投资者判断认为该公告所披露的信息是利空消息时，他们就会"用脚投票"，股票价格也随之异常下跌。对于上市公司变更募集资金投向行为而言，当市场投资者认为上市公司变更募集资金投向有利于实现良性财务效应时，现有股东将会继续持有甚至还可能增持该公司股票，潜在投资者也会积极加入申购行列，从而导致该上市公司股票供不应求，股票价格随之异常上涨；反之，当市场投资者认为上市公司变更募集资金投向将导致恶性财务效应时，该上市公司的股票就会出现供过于求，从而该公司股票价格随之异常下跌。

由于在两权分离条件下，市场投资者与公司管理层之间的关系是"委托-代理"关系，因此，本书将在前述逻辑思路下，首先运用代理成本理论对上市公司发布募集资金投向变更公告后的市场反应倾向进行理论分析；然后，运用市场研究法对投资者预期的财务效应进行实证检验，以此确定我国市场投资者对上市公司变更募集资金投向行为的预期财务效应。

4.1 理论依据：代理成本理论

4.1.1 代理成本理论概述

（1）代理成本理论产生背景

随着企业经营规模的逐步扩大和市场竞争的逐渐加剧，单凭企业所有者个人的知识和能力已经无法适应企业发展的需要。在这种情况下，为了提高企业的经营效率，增强企业参与市场竞争的能力，一些具有现代经营理念的企业所有者开始委托具有较强专业知识和专业能力的优秀职业经理来代表自己管理企业。企业经营活动中的委托-代理关系就这样产生了。企业所有者（即委托方）拥有企业资产的终极所有权，但却不负责主持企业的日常经营管理活动；企业经营者（即代理方）负责主持企业的日常经营管理活动，但不拥有企业资产的所有权（即使拥有部分资产所有权，其份额通常也微不足道）。

随着委托-代理关系的出现，经营者与所有者之间的利益分歧也日益显现出来，一方面，当他们尽职尽责全力工作时，他们需要承担由此带来的全部成本但只能够获得部分收益；另一方面，当他们消极怠工或额外在职消费时，他们却能够得到全部好处并且只需要承担部分成本。作为理性的"经济人"，经营者在个人效用最大化的驱使下必然会选择消极怠工或额外在职消费，而不是尽职尽责全力工作。早在1932年，Berle和Means就对两权分离条件下的所有者与经营者之间的利益分歧问题进行了探讨，为代理成本理论的正式提出打下了重要的理论基础。

（2）代理成本理论的主要内容

后来，Jensen和Meckling于1976年在"企业理论：管理者行为、代理成本与所有权结构"一文中正式提出了代理成本概念，并且区分了在公司中存在的两种利益冲突：一种是股东与经营者之间的利益冲突；另一种是股东与债权人之间的利益冲突。他们对代理成本的定义是：为设计、监督和约束委托人与代理人之间利益冲突的一组契约所付出的代价，加上执行这些契约时所付成本超过所获收益的剩余损失（residual loss）。具体来讲，代理成本由以下三类成本组成：一是委托人的监督成本，即委托人为激励、监督和控制代理人的行为以使后者为前者利益尽职尽责的成本；二是代理人的抵押担保成本，或称守约成本，即代理人实施自我约束，以保证实现委托人利益而尽职勤勉的成本；三是剩余损失，即委托人因由代理人代行决策而产生的一种价值损失，它等于代理人决策产生的价值与委托人在具有代理人相同信息和才能的情况下采取效用最大化决策预期将产生的价值之间的差异。

一般来讲，构成代理成本的监督成本和抵押担保成本是可以控制的，它们可以通过治理结构的完善予以重新安排和调整；剩余损失则由于其具有不可计量性和不易观测性而难以控制。不过，通过加大对代理人的监督成本和抵押担保成本，也可以在一定程度上适当地降低剩余损失。当然，过度复杂的治理结构反而会增加企业内部的矛盾与摩擦，从而增加企业的代理成本，因此，企业组织的治理结构也并不是越复杂越好。

（3）代理成本理论的应用与发展

自从Jensen和Meckling（1976）提出代理成本理论之后，学术界就对企业中存在的代理成本问题进行了大量研究。代理成本理论从此被广泛地应用于公司治理结构分析、投资与融资行为分析、公司业绩变化分析、公司股利政策分析以及公司激励机制分析等众多研究领域，成为现代公司财务理论研究的重要组成部分。

不仅如此，学术界还深入发展了代理成本理论的内涵：

①提出了自由现金流量假说

20世纪六七十年代，美国石油行业在繁荣的经济环境中获利丰厚，积累了大量资金，并且进行了广泛投资，但投资效果并不理想，大量投资项目失败。基于对这些过度且低效运用企业内部资金的投资行为的思考，Jensen（1986）在代理成本理论的基础上又提出了自由现金流量假说（Free Cash Flow Hypothesis）。他将自由现金流量定义为"满足所有具有正的净现值的投资项目所需资金后的那部分现金流量，这些投资项目的净现值按相关资本成本贴现计算出来"，同时，他还指出当企业存在自由现金流量时，股东就应当"促使管理者吐出这些现金，而不是将剩余现金以低于资本成本的收益率进行投资，或者在低效率的组织中耗费"。具体来讲，可通过分发红利或者回购股票的形式将自由现金支付给企业股东，或者通过增加公司负债，借助负债的破产成本以及市场监管效应来控制公司管理者的过度且低效投资行为。

自从Jensen提出自由现金流量假说之后，财务理论界就从不同角度对自由现金流量问题进行了广泛研究，同时，自由现金流量也被冠以不同的名称，比如，超额现金流量（Surplus Cash Flow）、袭击者现金流量（Raiders' Cash Flow）、可分配现金流量（Distributable Cash Flow）、多余现金流量（Excess Cash Flow）、剩余现金流量（Residual Cash Flow）等。不管其名称如何不同，其实质都是指在不影响公司成长前景的前提下公司可以自由分配给股东的最大现金数额。

②拓展了代理成本的研究对象

不论是Jensen和Meckling（1976）提出的代理成本理论，还是Jensen（1986）在代理成本理论基础上进一步发展起来的自由现金流量假说，它们都将企业全部所有者看作一个整体，认为全体所有者的利益都是一致的，他们之间不存在利益分歧与利益冲突。然而，事实上不同类型所有者之间的利益并不是完全一致的，比如，作为法人股的控股大股东追求的利益可能是确保对该企业拥有实际的控制权以满足自身生产经营的需要，而作为个人股的中小股东则追求的可能仅仅是获得稳定的股利收入以满足生活开支的需要。这种不同类型股东之间的利益目标差异必然导致他们在实现利益过程中会发生矛盾与冲突，而且力量薄弱的中小股东往往会成为利益冲突中的受害者。

为了深入研究公司中存在的委托代理行为，也为了透彻剖析代理成本的形成机理，学术界适应实践的需要在研究中又拓展了代理成本的研究对象，即区分了所有者与经营者之间的代理成本（通常被称为第Ⅰ类代理成本）以及大股东与中小股东之间的代理成本（通常被称为第Ⅱ类代理成本），并将研究重点转移到后一类代理成本之上。Angelo（1985）、Demsetz 和 Lehn（1985）、Baraclay 和 Holderness（1989）认为，由于控股大股东的利益与中小股东的利益并不完全一致，因此，在缺乏外部监管或者中小股东持股比较分散的情况下，控股大股东就可能以牺牲中小股东的利益为代价来谋取私人收益。La Porta 等（1998）的研究也表明控股大股东对中小股东的利益侵占已经成为公司治理中代理冲突的核心问题。后来，La Porta 等（1999）又指出，在世界大多数大企业中，主要的代理问题是控股大股东侵占中小股东利益，而不是管理者伤害股东利益。Simon 等（2000）则从"隧道效应"（Tunneling）的角度阐述了企业控股大股东对中小股东的利益侵犯行为。Baek 等（2004）在对韩国企业的研究中也发现，隶属于财团的集中型股权结构的企业由于容易发生对中小股东利益的侵占行为，因而这类企业在金融危机中遭受了更大的价值损失。

4.1.2　代理成本理论与企业投资行为

投资活动作为企业经营活动的重要组成部分之一，其涉及的代理成本问题也相当复杂。目前，学术界关于投资活动中代理成本问题的研究主要体现在以下几个方面：

（1）过度投资与代理成本

所谓过度投资（over-investment），是指接受那些对公司价值而言并非最优的投资机会，尤其是净现值小于零的项目，从而降低公司资金配置效率的一种低效率投资决策行为（干胜道，2008）。公司经营者之所以偏好于进行过度投资，是因为扩张后的公司规模常常能够给经营者带来如下效用：第一，可以扩大经营者可支配资源的范围，满足经营者个人的权力欲望；第二，可以提高经营者报酬，满足经营者的个人物质需求；第三，可以提供更多的高层职位，满足那些希望获得晋升的中层管理人员对职位的需求，从而有利于经营者更好地开展工作。Jensen（1986）是最早提出过度投资概念的学者，他在阐述自由现金流量假说时就指出，由于公司经营者具有帝国构建（empire-building）的倾向，因此，当公司存在自由现金流量时，经营者就会有动机为使自身利益最大化而利用剩余现金从事某些过度投资。可见，过度投资属于非效率投资，它将最终损害企业的整体价值。众多的实证研究也对此提供了证据。Strong 和 Meyer（1990）在研究中发现，剩余现金流量（residual cash flow）与过度投资显著正相关，且股票市场对企业的投资公告作出了负面评价。Lang、Stulz 和 Walking（1991）的研究同样表明拥有较多自由现金流量而成长机会又较低的公司更有可能从事那些不利于股东的投资活动。Albuquerue 等（2008）则直接研究了控股大股东通过投资活动侵占中小股东利益的行为，说明了在投资者保护机制越不完善的情况下，控股大股东就越有动机进行过度投资。Richardson（2002）在研究美国企业的投资行为时发现，美国企业普遍存在过度投资行为，平均来讲，企业每拥有 1 美元剩余现金流量，它将在过度投资中花掉其中的 43美分。辛清泉等（2007）以 1999—2004 年的中国上市公司作为研究对象，计算出的资本投资回报率仅为 2.6%，远低于资本成本。可见，过度投资是一种普遍的市场现象，并且与代理成本显著相关，是阻碍增加股东财富的一大因素。

（2）投资不足与代理成本

与过度投资相反，投资不足（under-investment）则是指在投资项目的净现值大于或等于零的情况下，投资项目的决策者仍然放弃投资的一种现象。它是公司投资中的另一种非效率投资行为。投资不足之所以会增加代理成本，是因为这种放弃净现值大于或等于零的投资项目的不作为行为不利于实现企业价值最大化目标，从而无益于增加股东财富。从表面上看，投资不足多与经营者避免投资风险以维护股东利益有关，而实际上是因为经营者在资本投资上存在私人成本（Aggarwal 等，2006）。当投资项目获得成功时，经营者将只会被认为是从事了其本职工作而不会被予以额外奖励，即使有奖励，奖励金额也通常相当少，不足以抵补经营者努力工作所付出的成本；而投资一旦失败，则由经营者独自承担全部后果，他将不仅会失去在该公司的管理职位，而且要承受因投资失败而带给自己的恶劣市场声誉。作为理性的经济人，经营者必然会选择放弃投资，除非他能够确信该项投资带给他的利益远大于自己将付出的成本。在实证研究中，陈文斌和陈超（2007）证实了投资不足的上市公司的盈利能力要显著劣于投入相对较高的上市公司的盈利能力。这也就证明了投资不足同样存在着损害股东利益的代理成本问题。

目前，专门研究投资不足的文献资料并不多见。对投资不足问题的研究更多的是体现在因投资不足而引发的下列财务行为方面：

①高额现金持有

高额现金持有，也称超额现金持有，它是一种典型的因投资不足而引起的资金闲置现象，是指公司的现金持有水平超过了其正常情况下的现金需求水平。由于现金是所有资产中盈利性最差的一种资产，因此，当公司长期持有高额现金时，公司资产的整体盈利能力必然会受到负面影响，即产生代理成本。Pinkowitz 等（2004）发现，在投资者保护程度较低的国家中，1美元的现金给中小股东带来的市场价值只有0.65美元。Dittmar 等（2003）在对45个国家11 000多家企业进行的研究中发现，在那些股东权益没有得到较好保护的国家中，企业的现金持有量是股东权益受到较好保护国家的企业现金持有量的两倍，这同样支持了高额现金持有的代理成本假说。Guney 等（2003）的研究也得出了类似结果。而 Couderc（2004）在对 1989—2002 年间法国、加拿大、英国、德国和美国的 4 515 家公司进行分析后，更是发现过多的现金持有会降低公司的经营绩效。

那么，我国上市公司的现金持有量又处于什么水平呢？有代理成本吗？彭桃英和周伟（2006）发现我国上市公司在 2000—2003 年间的平均现金持有比例为 18.9%，这一现金持有比例远高于美国的 8.1%（Kim，1998）和英国的 9.90%（Ozkan，2004）。张功富（2007）以我国上海证券交易所和深圳证券交易所 2000—2005 年的 434 家 A 股工业类上市公司作为研究样本，实证发现在我国上市公司的自由现金流量中

55.16%的比例被以金融资产的形式保留在公司中，而用于对外投资的比例只有18.92%。至于高额现金持有量与代理成本之间的关系，王茂超和干胜道（2011）通过对沪深两市A股制造业公司1998—2008年间经验数据的分析，研究发现高额现金持有量与代理成本之间存在内在相关关系，即持有的高额现金产生了代理成本。

②委托理财

委托理财，是指企业将自己所持有的、因一时找不到好的投资项目而闲置的资金委托给有关金融机构代为理财的行为（杨新民，2002）。公司实施委托理财将带来如下好处：第一，从资金利用效率来看，可以充分利用企业的闲置资金，从而提高企业资金的利用效率；第二，从使用资金的专业化水平来看，将资金交付给有专业知识和专业能力的人（或组织）进行专业化管理，这无疑又可以进一步提高资金的获利水平。当然，也不排除一些公司以委托理财的名义从事利益输送的可能。另外，委托理财还常常与公司管理层追逐市场投资热点等短视行为密切相关。不论是利益输送还是追逐市场投资热点都会在一定程度上产生代理成本，进而损害公司价值。

结合我国上市公司实施委托理财的实际情况，委托理财中的代理成本问题更加突出：首先，我国上市公司投资于委托理财的资金大多为向市场投资者以项目投资的名义募集而来的，而并非上市公司的内部留存收益，即募资前的"圈钱"动机与募资后的委托理财首尾呼应；其次，许多委托理财时间过长，并非是为暂时闲置的资金寻找出路；再次，实施委托理财的公司数量众多且金额巨大，更像是进行专门投资而非从事的临时"副业"；最后，在委托理财收益率偏低（低于同期银行存款利率）甚至亏损的情况下仍然继续实施委托理财，这完全不符合理性"经济人"假设。可见，大量事实和统计数据表明，委托理财已成为我国上市公司经营者（或控股大股东）实现私人利益目标的又一途径，值得我们警惕。

③随意性收益支出

随意性收益支出，是指企业日常经营中的非必要支出，比如管理费用中的"公司赘肉（corporate fat）"。它是汉克尔等（2001）所定义的两类随意性收益支出形式中的一种。在法规制度和公司治理结构不完善的情况下，当存在自由现金流量时，公司经营者就可能为了满足个人私欲而浪费这部分资金，损害股东利益，从而产生代理成本。目前关于这一课题的研究文献较多，研究结论也大致相同，即随意性收益支出会产生代理成本。鉴于此，作者在此不再赘述。

④大股东任意占用资金

大股东任意占用公司资金是投资不足的又一表现。由于大股东持有公司较多股票，在同股同权的决策机制下，大股东对上市公司的经营决策具有重大影响。当上市公司因投资不足而留存大量闲置资金时，大股东就可能以各种理由将这些闲置资金"借出"上市公司，并长期据为己有。这些被长期"借出"的资金由于其使用权并不在上市公司，从而无法为上市公司带来收益，进而无益于公司价值和股东财富的增加。另外，这些被长期"借出"的资金还有可能因大股东破产或大股东控制权转移而无法按时归还，使得上市公司中小股东的损失进一步加大。

就我国实际情况来看，上市公司资金被占用规模最高的是2001年，当年资金被占用金额达到了1 175亿元，超过当年募集资金900亿元的数额（赵俊美、周志远，2007）；从单个公司来看，被占用的资金少则5 000万元，多则几十亿元；从涉及面来看，2002年年底，57.53%的上市公司存在着被大股东占用巨额资金的现象（林小兰和林丽，2002）。可见，大股东占款已经成为我国证券市场最大的"出血口"。那么，上市公司资金被占用后，其业绩又会受到怎样的影响呢？张鸣等（2005）的研究发现上市公司大股东占用上市公司资金会直接导致上市公司盈利能力下降。姜国华等（2005）的研究也表明大股东资金占用与上市公司未来年度的盈利能力呈显著的负相关关系，即对上市公司经营产生了负面影响。

（3）关联方交易与代理成本

关联方交易，是指在关联方之间转移资源、劳务或义务的行为，而不论是否收取价款。因此，在市场不完全有效的情况下，关联方交易中就很可能存在着非公平的交易行为，而隐藏在非公平关联方交易背后的就是关联方之间的"资产转移"或"利益输送"（Bebchuk等，2000；

Johnson 等，2000；Bertrand 等，2002）。Kirchmaier 和 Grant（2004）通过分析来自德国和意大利的公司案例说明了大股东是如何使用关联方交易来侵犯中小股东利益的。而 Cheung 等（2004）针对中国香港上市公司关联方交易行为的研究同样表明控股股东常利用关联方交易来转移公司的资源，并且这些进行关联方交易的公司的股票超常收益率要显著低于那些未进行关联方交易的上市公司。事实上，我国上市公司更有可能从事这种非公平的关联方交易，因为它们一般都由我国原国有企业中的优质资产组建而来，而劣质资产则留在了母公司或关联兄弟公司中。这些承受了劣质资产的母公司或关联兄弟公司必须以上市公司为依靠，接受来自上市公司的"反哺"帮助，否则其生存将非常困难。Aharony 等（2005）以我国沪市 1999—2001 年实施 IPO 的上市公司作为研究对象，发现在上市的前一年，这些上市公司的母公司一般会通过关联方资金借贷的形式向上市公司进行利益输入，而在公司上市之后，这些控股母公司又会通过资金借贷的形式从上市公司输出利益。邬国梅（2009）的实证研究也表明，我国企业集团形成的内部资本市场在很大程度上都是服务于集团控股股东侵占上市公司利益需要的，这种内部资本市场已经成了集团控股股东侵占上市公司资金和利益的工具。

（4）过度多元化经营与代理成本

多元化经营，是指上市公司管理层利用公司资金等资源在与公司现有业务相关或者无关的产业领域采取的一系列跨产品或者跨行业的扩张性投资活动。多元化经营是一把"双刃剑"。一方面，适度的多元化经营能够帮助上市公司抵御外部市场风险，化解对抗与竞争，实现资源共享，同时还能够利用上市公司的内部资本市场（internal capital market）进行公司内部资源的有效再分配；另一方面，盲目地追求多元化经营，尤其是将公司大量资金投资于公司管理层并不熟悉的、和公司现有业务没有任何相关性的行业上，会使上市公司内部资源分散、协调能力下降、组织管理困难以及竞争优势减弱，从而降低上市公司的投资效率，并最终影响上市公司的业绩和价值。Doukas 和 Lang（2003）在对美国公司进行考察后发现，无论是从长期业绩来看还是从短期业绩来看，非核心业务的对外投资都将导致公司业绩的亏损，即缺乏内在联系的多元化投资会给公司带来价值损失。Lang 和 Stulz（1994）、Comment 和 Jarrell（1995）也分别在实证研究中找到了多元化经营将毁灭企业价值的证据，而 Berger 和 Ofek（1995）则进一步测算出多元化经营将导致企业价值下降13%～15%。

20世纪90年代中期以后，许多学者也开始对我国上市公司经营活动中的多元化问题展开研究。金晓斌等（2002）的实证研究表明：在非相关多元化程度提高的企业，其经营绩效出现下降；而在多元化程度降低的企业，其经营绩效的平均增长则为正。辛曌等（2004）也得到了相似的实证结果，即我国上市公司多元化经营过程中存在着多元化折价现象，即上市公司的多元化程度同其超额价值呈现负相关关系，多元化程度越高，上市公司的价值越低（即多元化折价越大）。

4.1.3　我国上市公司募集资金投向变更中的代理成本分析

募集资金投向变更从本质上讲仍然是一种投资决策行为，只不过它是对前次投资决策的再次决策，是一种特殊的投资决策行为。按理讲，这种投资决策后的再次决策应该得到人们的肯定，因为在理性"经济人"假设之下，再次决策将比首次决策显得更加谨慎和科学。但是，在实践中，上市公司变更募集资金投向行为却引起了人们的普遍质疑。这是为什么呢？作者分析如下：

（1）作为一种特殊的投资行为，变更募集资金投向同样存在着前文所述的一般投资行为所可能存在的代理成本问题。

比如，关联方交易。我国80%的上市公司的控股股东为企业集团（邬国梅，2009），而在企业集团内部建立的以所有权和控制权结构为基础的成员企业间的内部资本市场又通常成为控股股东侵占上市公司利益的工具（Khanna 等，2000）。这些控股股东往往利用自己所掌握的对上市公司的控制权，通过关联方交易的形式将上市公司赚取的现金流量流回到自己的手中（Jian 和 Wong，2003）。唐山陶瓷（股票代码：000856）于2000年实施的增资配股方案的原定投资项目为"低温快烧日用细瓷产业化示范工程"和"强化瓷生产线技改项目"，剩余资金用于补充公司流动资金，但在募股资金到位后公司却以"河北省经贸委根据国家经贸委有关文件精神批准公司实施高档日用瓷技术改造项目，该项目……有扶持性贷款支持……有利于提高公司产品的市场竞争力"为由，将原定投资项目变更为"收购唐陶集团煤气生产线和马耐公司耐火材料生产线及该生产线占用的唐陶集团399 232.9平方米土地使用权"。在变更募集资金投向的当时，唐陶集团是唐山陶瓷的第一大股东，持有唐山陶瓷62.86%的股份，因此，该项目属于关联方交易项目。尽管唐山陶瓷在随后的募资投向变更公告中声明"本次募集资金投向变更有利于调整公司产品结构，增强公司盈利能力，关联方交易定价依据合理，符合公司的最大利益，不会损害非关联方股东的利益及产生同业竞争，有利于公司持续、稳定发展。"但我们透过一些数据不难看出其控股大股东在该项关联方交易中的套现动机。首先，从变更配股资金投向的速度来看，该次增资配股的计划于2000年6月29日提出，而配股资金全部到位时间是2000年8月4日，前后相差仅仅37天。虽说市场竞争环境变幻莫测，但对于增资配股这样重大的事项来说，在这么短的时间间隔内就改变经营策略，实在有点令人出乎意料，其可能的解释就是公司管理层决策能力低下或者其变更募集资金投向的动机不纯。不论哪种解释，都不利于增加公司价值和维护股东利益。其次，从变更资金投向的涉及金额来看，募资净额12 781万元全部都变更了投向，属于全额变更，说明其原定投资项目的可行性分析准确率为零，存在为了"圈钱"而虚构、编造投资项目的嫌疑。再次，从拟投资的新项目财务状况来看，变更前（截至2003年7月31日），"耐火材料生产线"账面资产总额4 478.42万元，负债总额3 262.42万元，净资产1 216万元（未经审计），而公司拟出资的收购款为1 500万元；另一项目"煤气生产线"账面资产总额（固定资产）3 277.68万元，负债总额859.98万元，净资产2 417.70万元（未经审计），而公司的拟出资为2 900万元。这种收购款远大于被收购资产账面净值的定价依据的公允性值得商榷。最后，从其实际经营情况来看，变更募集资金投向后，除了由于规模的扩张而导致营业收入有所增长外，营业利润、利润总额、净利润等表征公司盈利能力的财务指标都出现了不同程度的巨幅下降，而同一时期，公司管理层的报酬总额却在大幅增加。具体统计数据见表4-1。

表4-1　　　唐山陶瓷（000856）变更募资投向前后部分

财务指标变化情况　　　　　　单位：万元

年　度	营业收入	营业利润	利润总额	净利润（1）	净利润（2）	领导人报酬总额
2002年	45 630	406	594	307	495	12
2003年	39 524	-2 953	-3 237	-3 299	-2 807	12
2004年	50 092	-5 206	-5 860	-5 860	-5 291	25
2005年	52 970	216	501	970	414	377
2003—2005年平均	47 529	-2 648	-2 865	-2 730	-2 561	138
变化及幅度	1 899	-3 054	-3 459	-3 037	-3 056	126

资料来源：作者根据相关资料整理得到。

注：①　"变化及幅度"="2003—2005年平均"-"2002年"；

②"净利润（1）"：指扣除非经常性损益前的净利润；

③"净利润（2）"：指扣除非经常性损益后的净利润；

④表中财务数据来自RESSET金融研究数据库。

　　唐山陶瓷变更募集资金投向的案例充分说明股东利益（尤其是中小股东利益）在募集资金投向变更中受到了损害。

　　再比如，过度多元化经营。我国上市公司变更募集资金投向中产生代理成本的另一显著表现就是过度多元化经营，即将大量资金投入到与其主营业务关联度不高甚至毫无关联性的行业中去。这既占用了上市公司发展主营业务的资金，又会因上市公司管理层对其他行业缺乏管理经验而增加自身的经营风险。南山实业（股票代码：600219）1999年12月上市时，公开承诺将把IPO募集资金投入到"年产600万米纤维素面料印染项目""日照木浆项目""年产600万米纤维素面料生产线项目""年产900吨羊毛条生产线项目""年产30万套服装生产线项目"等与其主营业务相关的项目，但在时隔仅半年的2000年5月，南山实业即发布变更募集资金投向公告欲将其募集资金净额（68 760万元）中的67.26%的资金变更用途投入到收购控股大股东南山集团公司所属的龙口市南山热电厂。虽然通过本次收购可以整合南山实业的上游电、汽供应，节约部分生产成本，但这种巨额的关联方收购行为充分暴露了其"不从主业而从副业"的逆向选择倾向。代理成本的产生和业绩下滑是不可避免之事。事实上，南山实业在本次巨额收购完成之后，一方面，其生产成本不但没有下降，反而还出现了上升趋势（比如，销售成本率从1999年的0.7490上升到2002年的0.7637）；另一方面，其盈利能力在总体上呈现出下降趋势（比如，销售毛利率从1999年的0.2510下降到2002年的0.2363，成本费用利润率从1999年的0.1875下降到2002年的0.1867）。具体情况如表4-2和图4-1所示。

表4-2　　　　　　南山实业（600219）变更募资投向前后

部分财务指标变化情况

年　度	销售毛利率	成本费用利润率	销售成本率
1999	0.2510	0.1875	0.7490
2000	0.2379	0.2127	0.7621
2001	0.2476	0.1990	0.7524
2002	0.2363	0.1867	0.7637

资料来源：作者整理。

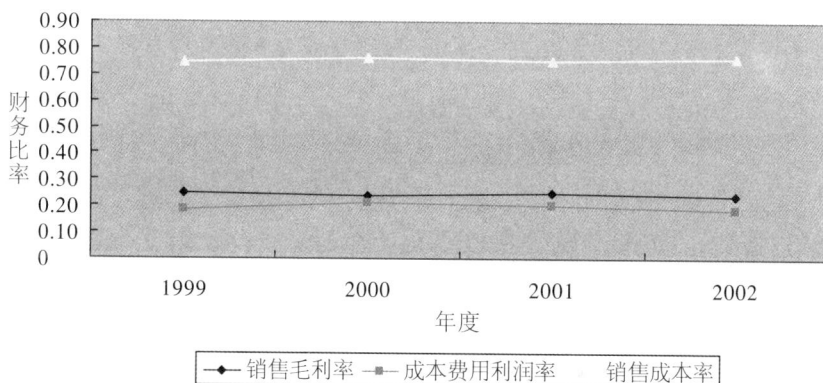

图4-1　南山实业（600219）变更募资投向前后部分财务指标变化情况

（2）我国上市公司股权结构高度集中，公司内部监督机制大多流于形式，募集资金投向变更中的中小股东利益难以得到有效保护。

我国上市公司具有高度集中的股权结构特征，这是不争的事实。在高度集中的股权结构安排下，内部监督机制大多流于形式，公司治理结构难以实现真正意义上的完善。当上市公司的控股大股东为国有公司或国有控股公司时，上市公司股东（主要是中小股东）的利益将更加难以得到有效保护。平新乔等（2003）的实证研究发现，我国国有企业的代理成本相当于60%～70%的利润潜力，这即是说，在现有的体制下，我国国有企业的代理成本使其自身获利水平只达到了应有能力的30%～40%。那么，我国上市公司是否主要受到国有股东的控制呢？答案是肯定的。刘芍佳等（2003）通过对上市公司进行考察后发现，我国84%的上市公司都受到政府部门的控制，未被政府部门控制的上市公司仅占到16%的比例。在这样的股权结构下，国有控股大股东往往会利用自己所持有的多数投票表决权在上市公司的董事会甚至在股东大会中起主导作用，并通过任命公司管理人员的形式来保证自身利益的实现。Chen等（2002）的研究表明，中国上市公司董事会成员中的48.58%都曾经为控股股东工作过（或者在原来的政府部门中工作过，或者在原来的国有企业中工作过），而且被控股上市公司的所有高级主管人员都由国有控股股东直接任命。

在这样的股权结构和治理结构下，上市公司变更募集资金投向的预期价值将大打折扣。陈文斌和陈小悦（2005）对我国上市公司首次公开发行股票募集资金使用情况的影响因素进行实证研究后发现，我国上市公司对IPO募集资金的使用往往会受到第一大股东代理行为的影响。辛清泉等（2007）更是以我国1999—2004年的上市公司作为研究对象，计算出我国上市公司的资本投资回报率仅有2.6%，远低于相应的资本成本。

基于上述分析，作者认为，在市场投资者看来，上市公司变更募集资金投向行为将产生代理成本，并预期公司业绩变差、股价下跌，即产生恶性财务效应。这种预期财务效应的一个重要表现就是当上市公司发布募集资金投向变更公告时，他们会采取"用脚投票"的态度，从而引起公司股票价格在公告日及其附近出现下跌。由此，作者提出：

H4-1：上市公司发布变更募集资金投向公告时会引起公司股票价格在公告日及其附近出现下跌。

由于不同频次的募集资金投向变更公告向市场投资者传递的信号强度甚至信息内容并不完全一致，比如，当上市公司首次变更募集资金投向时，尽管多数投资者可能认为这是一种违约行为，会损害中小股东的利益，从而采取"用脚投票"的不欢迎态度，但也不能排除部分投资者会采取"用手投票"态度的可能性，因为这部分投资者可能认为变更募集资金投向确实是上市公司管理层应对市场环境的客观变化而采取的一种积极应对策略，这将有利于保持甚至增加公司价值，属于善意变更，从而采取"用手投票"的态度。但是，当上市公司经常变更募集资金投向时，则采取"用手投资"态度的投资者数量会减少，而采取"用脚投票"态度的投资者数量会增加，因为多次的募资投向变更行为证明了上市公司管理层或者决策能力低下，或者存在一惯性的"投机"动机（比如，募集资金前的"圈钱"动机、募集资金到位后的"逐利跟风"动机）。无论属于哪一种情况，上市公司变更募集资金投向行为都会在一定程度上形成代理成本，从而无益于公司价值和股东财富的最大化。由此，作者提出：

H4-2：上市公司变更募集资金投向的频率越高，股票价格下跌的幅度越大。

4.2 研究设计

4.2.1 方法设计

在研究上市公司对外发布公告时的市场反应时，一般都是采用事件研究法。因此，本书也采用该方法来检验上市公司发布变更募集资金投向公告时的市场反应情况（也即市场投资者对上市公司变更募集资金投向行为的预期财务效应）。

检验的具体程序如下：

（1）确定事件日、事件窗和估计窗。根据我国相关法规的规定，当上市公司需要实施募集资金投向变更时，应当先由上市公司管理层作出变更募集资金投向的决策并报送上市公司董事会审批；董事会批准后再报送上市公司股东大会批准。相应地，上市公司变更募集资金投向的信息将依次通过公司董事会决议公告、股东大会决议公告对外披露，并在相应年度的年报和中报中披露。由于我国上市公司董事会报送的审议事项一般都会得到股东大会的批准，因此，为了捕捉最强的公告信息含量，也为了避免公告信息的重复性，本书将选取而且也仅仅选取上市公司董事会关于募集资金投向变更的决议公告作为研究对象，并将募集资金投向变更公告对外发布之日确定为事件日，并标记为t=0；将事件日及其前后各10个交易日确定为事件窗，公告日之前标记为"–"，公告日之后标记为"+"；将公告日第–210个交易日至第–11个交易日确定为估计窗。

（2）计算超常收益率和平均超常收益率。具体分三步进行：

第一步：运用股票及其所在市场（深市或沪市）在估计窗（–210，–11）的日收益率数据对下式进行回归，求得回归常数和回归系数的估计值。

$$R_{i,t} = \alpha_i + \beta_i \cdot R_{m,t} + \varepsilon_{i,t}$$

式中：$R_{i,t}$为股票i在估计窗内第t日的实际收益率；α_i和β_i分别为股票i的日收益率的回归常数和回归系数；$R_{m,t}$为股票i所在市场（深市或沪市）第t日的市场收益率；$\varepsilon_{i,t}$为对应的残差项。

第二步：运用如下经验回归方程计算股票在事件窗（–10，+10）的正常收益率。

$$E(R_{i,t}) = \hat{\alpha}_i + \hat{\beta}_i \cdot R_{m,t}$$

式中：$E(R_{i,t})$为股票i在第t日的正常收益率；$\hat{\alpha}_i$和$\hat{\beta}_i$分别为股票i的日收益率的回归常数估计值和回归系数估计值。

第三步：计算超常收益率和平均超常收益率。

$$AR_{i,t} = R_{i,t} - E(R_{i,t})$$

$$AAR_t = \frac{1}{n} \sum_{i=1}^{n} AR_{i,t}$$

式中：$AR_{i,t}$为股票i在第t日的超常收益率；AAR_t为所有股票在第t日的平均超常收益率；n为股票的个数。

由于本书检验的是市场投资者对上市公司变更募集资金投向行为的

总体市场反应情况，而非具体考察市场投资者对单只股票的市场反应，因此，我们需要关注的指标是 AAR。

当 AAR_t（t=-10，-9，-8，…，-1，0，1，…，8，9，10）显著小于零时，则表明市场投资者在第 t 日对募集资金投向变更公告的预期财务效应为负，即市场投资者认为上市公司变更募集资金投向将带来恶性财务效应；当 AAR_t 显著大于零时，则表明市场投资者在第 t 日对募集资金投向变更公告的预期财务效应为正，即市场投资者认为上市公司变更募集资金投向将带来良性财务效应。

当累计变更频次较高的募集资金投向变更公告在事件日及其附近的 AAR 显著小于累计变更频次较低的募集资金投向变更公告在相应交易日的 AAR 时，则说明市场投资者更厌恶累计频次较高的募集资金投向变更行为，即他们认为较高频次的募集资金投向变更行为带来的财务效应将比较低频次的募集资金投向变更行为带来的财务效应更差；否则，反之。

4.2.2 样本选择、数据来源及所用软件

（1）样本选择

为了尽量排除噪音样本对检验结果的影响，本书将在所搜集的上市公司募集资金投向变更样本公告中，剔除具有如下特征之一的噪音样本，以构成本部分研究所需的清洁子样本：

①董事会决议公告中包含可能影响股价变化的其他决议事项，比如对外收购、对外担保、利润分配预案、年报（中报）等；

②被变更投向的项目资金来源于首发、增发、配股以外的其他募资方式；

③变更募集资金投向的上市公司属于金融保险行业的上市公司；

④非 A 股上市公司；

⑤同时发行 A 股、B 股和 H 股的上市公司；

⑥经营状态不正常的上市公司（主要指在数据统计期间出现过暂停上市、终止上市情况的上市公司）；

⑦相关数据不全的上市公司。

遵循上述筛选原则，本书从2 610个基础样本中总共筛选出998个有效清洁样本，构成了投资者市场反应研究所需的清洁子样本。各清洁子样本在各年度间的分布情况见表4-3，在各累计变更频次间的分布情况见表4-4。

表4-3　　　　市场反应清洁样本在各年度间的分布情况

年　度	1997	1998	1999	2000	2001	2002
清洁样本（个）	2	14	27	33	62	51
年　度	2003	2004	2005	2006	2007	2008
清洁样本（个）	43	43	41	42	50	54
年　度	2009	2010	2011	2012	2013	2014
清洁样本（个）	26	41	51	43	35	44
年　度	2015	2016	2017	2018	总计数	
清洁样本（个）	57	52	70	117	998	

资料来源：作者整理。

表4-4　　　市场反应清洁样本在各累计变更频次间的分布情况

累计频次	1	2	3	4	5	6	7	8	9	总计
清洁样本（个）	604	222	97	43	15	8	5	3	1	998

资料来源：作者整理。

由于累计变更频次为3次及3次以上的清洁样本数量较少，因此，本书将3次及3次以上的募资变更样本看作一个整体，并将其定义为"高频变更"样本。与此相对应，为了便于阐述，本书将首次变更募资投向的样本和再次变更募资投向的样本分别定义为"低频变更"样本和"中频变更"样本。清洁样本在高、中、低频变更间的分布情况见表4-5。

表4-5　　　　清洁样本在高、中、低频变更间的分布情况

分　类	低频变更	中频变更	高频变更	合计
清洁样本（个）	604	222	172	998

资料来源：作者整理。

（2）数据来源及所用软件

本书检验上市公司发布募集资金投向变更公告时投资者市场反应所用股票交易数据来自 RESSET 金融研究数据库，其中，股票 i 在估计窗内第 t 日的实际收益率 R_{it} 取自该数据库中"持有期收益–日收益"子数据库下的"日收益率_Dret"项，股票 i 所在市场（深市或沪市）第 t 日的市场收益率 R_{mt} 取自该数据库中"持有期收益–日收益"子数据库下的"流通市值加权平均市场日收益率_Drettmv"项。

在研究过程中，整理与分析数据时所用软件是 Excel 2010 和 Stata15。

4.3 检验结果及其分析

4.3.1 计算正常收益率所用回归方程的基本情况

本书运用统计软件 Stata15 对 998 个清洁样本进行了一元线性回归。回归结果显示，绝大多数方程的 F 检验在 1% 或 5% 水平上统计显著。这说明单只股票收益率与市场收益率之间存在显著的线性关系，适合于采用线性回归方程进行回归分析。但是，回归方程拟合优度（判定系数 Adj–R^2）整体表现不佳，中位数仅为 0.402，即是说，市场收益率的变化率只能解释单只股票收益率 40% 的变化，这说明方程的设计还存在遗漏变量未予考虑。事实上，股价的涨跌不仅受到公司层面重大事件的影响，还会受到行业政策变化、宏观经济环境变化以及市场投资者风险偏好变化等方方面面因素的影响，而本书在检验投资者对募集资金投向变更事件的市场反应时，只考虑了公司层面重大事件的影响，对于其他因素则未予考虑。这当然不可避免地会导致回归方程拟合优度偏低。但是，考虑到现有文献在检验投资者对公司重大事件的市场反应时均采用此类一元线性回归模型进行分析，因此，为了与现有文献进行比较分析，尽管该回归模型的方程拟合优度偏低，但本书在后续研究中仍将采用此模型。

为了能够较好地描述单只股票收益率与市场收益率之间的内在关系，本书在后续市场反应统计分析中，将剔除 F 检验不显著的方程。

4.3.2 全部募资投向变更清洁子样本在事件窗（-10，+10）平均超常收益率（AAR）描述性统计（见表4-6、图4-2）

表4-6　　　　　　　全部募资投向变更清洁子样本

平均超常收益率（AAR）描述性统计

	最小值	最大值	均值（AAR）	中位数	标准差
第-10日	-0.0917	0.0934	0.0020（0.3168）	-0.0021	0.0232
第-9日	-0.1009	0.0634	-0.0004（0.8414）	-0.0008	0.0216
第-8日	-0.0803	0.0892	0.0027（0.2124）	0.0026	0.0243
第-7日	-0.0507	0.1206	0.0009（0.6522）	-0.0022	0.0235
第-6日	-0.0602	0.0987	0.0018（0.3306）	0.0005	0.0204
第-5日	-0.0586	0.0420	-0.0008（0.6344）	-0.0009	0.0180
第-4日	-0.1142	0.0963	0.0006（0.7701）	-0.0002	0.0252
第-3日	-0.0623	0.1058	0.0002（0.9135）	-0.0015	0.0215
第-2日	-0.0870	0.0818	0.0029（0.0435**）	0.0020	0.0211
第-1日	-0.0486	0.0804	0.0022（0.0769*）	0.0002	0.0249
事件日	-0.0582	0.0850	0.0014（0.4571）	0.0015	0.0206
第+1日	-0.0722	0.0692	-0.0028（0.1703）	-0.0027	0.0227
第+2日	-0.0604	0.0999	0.0027（0.2484）	-0.0028	0.0260
第+3日	-0.0907	0.0783	-0.0022（0.2423）	-0.0034	0.0209
第+4日	-0.0679	0.1135	0.0013（0.5443）	-0.0013	0.0236
第+5日	-0.0731	0.1195	0.0031（0.2039）	-0.0007	0.0274
第+6日	-0.0735	0.0927	-0.0003（0.8735）	-0.0025	0.0237
第+7日	-0.0633	0.0694	-0.0008（0.6644）	-0.0004	0.0197
第+8日	-0.0643	0.0814	-0.0006（0.7499）	-0.0017	0.0206
第+9日	-0.0677	0.0875	0.0011（0.5700）	0.0001	0.0223
第+10日	-0.1198	0.0848	-0.0030（0.1040）	-0.0025	0.0205
有效样本数			998		

注：***、**、*分别表示在1%、5%、10%的水平上与"0"存在显著差异；括号内的数值为单样本t检验中t统计量的双尾概率P值。

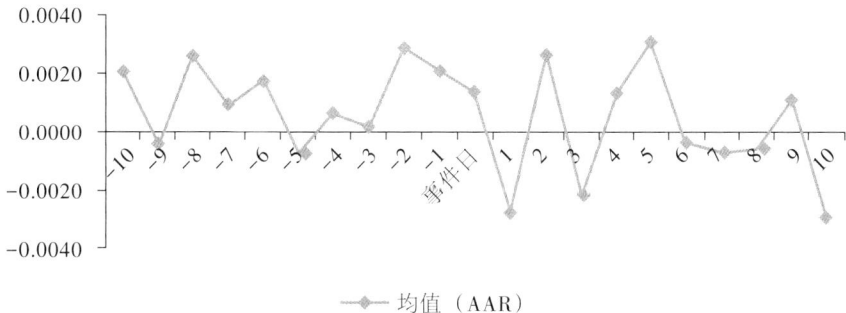

图4-2　募资投向变更整体平均超常收益率（AAR）变化趋势图

　　表4-6显示，在事件窗（-10，+10）内，除了"第-2日"和"第-1日"的平均超常收益率（AAR）显著大于0外，其余各交易日的平均超常收益率与0之间均不存在显著差异。这似乎表明上市公司发布的募集资金投向变更公告没有信息含量，不能引起市场投资者的反应。但我们从图4-2中可以清晰地发现，尽管事件窗（-10，+10）内的平均超常收益率基本上都在"0"处上下波动，但从募集资金投向变更公告发布前2天（第-2日）起到公告发布当天（事件日）止，连续3个交易日的平均超常收益率都大于0（且事件窗内仅有的两个显著异于0的平均超常收益率也在其中）。这与股票价格随机游走假说明显不符。再者，国内外研究市场反应的多数文献（比如，朱琪和黄祖辉，2004）都认为最接近事件日的交易日（比如"（-2，+2）"）才是公告效应期。因此，本书认为，从总体上讲，上市公司发布的募集资金投向变更公告具有信息含量，该类公告被投资者判定为一种利好消息，并且在（-2，-1）期间对募集资金投向变更公告的信息内容作出了向上的市场反应，即他们预期该募资投向变更行为将带来良性财务效应，但这种向上的市场反应强度从第-2日开始逐渐减弱。由此，本书提出的假设"H4-1：上市公司发布变更募集资金投向公告时会引起公司股票价格在公告日及其附近出现下跌"没有得到验证。

　　那么，市场投资者对不同频次的募集资金投向变更公告的市场反应是否存在差异呢？下面将作进一步的检验。

4.3.3 各频次募集资金投向变更公告在事件窗（-10，+10）的平均超常收益率（AAR）描述性统计（见表4-7、图4-3、表4-8、图4-4、表4-9、图4-5）

表4-7 低频募资投向变更平均超常收益率（AAR）描述性统计

	最小值	最大值	均值（AAR）	中位数	标准差
第-10日	-0.0539	0.0934	0.0009（0.6955）	-0.0027	0.0212
第-9日	-0.1009	0.0589	-0.0001（0.9478）	-0.0006	0.0209
第-8日	-0.0803	0.0892	0.0033（0.2094）	0.0031	0.0243
第-7日	-0.0507	0.1206	-0.0021（0.3828）	-0.0032	0.0219
第-6日	-0.0590	0.0987	0.0021（0.3041）	0.0013	0.0187
第-5日	-0.0586	0.0420	-0.0026（0.1672）	-0.0013	0.0178
第-4日	-0.0442	0.0870	0.0002（0.9248）	0.0001	0.0203
第-3日	-0.0623	0.0589	-0.0014（0.5112）	-0.0021	0.0202
第-2日	-0.0494	0.0818	0.0035（0.0903*）	0.0019	0.0190
第-1日	-0.0486	0.0804	0.0033（0.0612*）	-0.0013	0.0225
事件日	-0.0363	0.0850	0.0041（0.0545*）	0.0021	0.0199
第+1日	-0.0716	0.0542	-0.0030（0.1837）	-0.0028	0.0211
第+2日	-0.0604	0.0870	0.0018（0.5243）	-0.0048	0.0265
第+3日	-0.0454	0.0539	-0.0032（0.0859*）	-0.0037	0.0173
第+4日	-0.0431	0.0814	0.0006（0.7994）	-0.0007	0.0202
第+5日	-0.0533	0.1195	0.0055（0.0561*）	0.0004	0.0269
第+6日	-0.0735	0.0927	0.0028（0.3095）	-0.0008	0.0258
第+7日	-0.0581	0.0694	-0.0009（0.6651）	-0.0001	0.0184
第+8日	-0.0452	0.0814	-0.0011（0.6214）	-0.0038	0.0207
第+9日	-0.0677	0.0875	0.0011（0.6492）	-0.0002	0.0220
第+10日	-0.1198	0.0848	-0.0040（0.1055）	-0.0037	0.0232
有效样本数			604		

注：***、**、*分别表示在1%、5%、10%的水平上与"0"存在显著差异；括号内的数值为单样本t检验中t统计量的双尾概率P值。

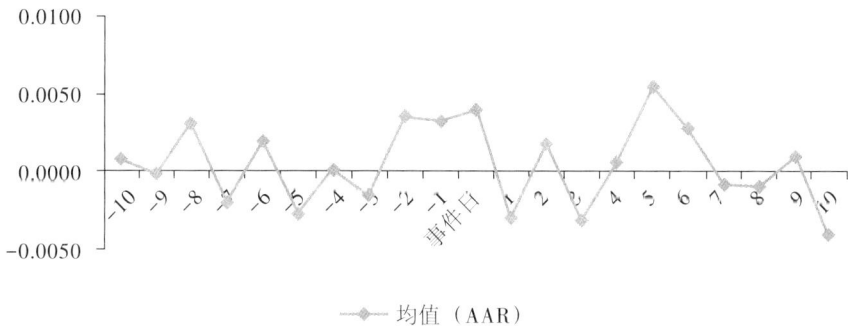

图4-3　低频募资投向变更平均超常收益率（AAR）变化趋势图

从表4-7和图4-3可以看出，市场投资者对低频募资投向变更公告的市场反应在（−2，0）期间是向上的，并且在统计上显著大于零。由此可见，投资者认为上市公司首次变更募集资金投向是一种利好消息，预期会提升公司业绩。事实上，市场环境存在客观上的不确定性，募资时对投资项目的事前预测难免会出现与实际投资环境不完全一致的情况。作为企业经营的掌舵人，公司管理者有责任也有义务根据变化了的经营环境对企业的经营决策作出适时调整。也只有这样，企业才可能在市场竞争中立于不败之地。

表4-8　中频募资投向变更平均超常收益率（AAR）描述性统计

	最小值	最大值	均值（AAR）	中位数	标准差
第−10日	−0.0917	0.0636	0.0026（0.6612）	0.00485	0.02841
第−9日	−0.0662	0.0539	−0.0019（0.7035）	−0.0024	0.02378
第−8日	−0.0497	0.0465	−0.0003（0.9491）	0.0008	0.02403
第−7日	−0.027	0.077	0.0071（0.2021）	−0.00225	0.02663
第−6日	−0.0602	0.0694	−0.0009（0.8608）	−0.00195	0.02451
第−5日	−0.0511	0.0331	0.0031（0.4554）	0.0001	0.02008
第−4日	−0.0418	0.0913	0.0031（0.6090）	0.00025	0.02917
第−3日	−0.0266	0.0479	−0.0009（0.8185）	−0.0013	0.01811
第−2日	−0.087	0.0352	0.0010（0.8483）	0.00445	0.0248
第−1日	−0.0476	0.0799	0.0080（0.2111）	0.00245	0.03064

	最小值	最大值	均值（AAR）	中位数	标准差
事件日	-0.0582	0.0383	-0.0074（0.0537*）	0.00065	0.02391
第+1日	-0.0487	0.0224	-0.0064（0.0327**）	-0.0066	0.02006
第+2日	-0.0346	0.0999	0.0080（0.1597）	0.00195	0.02693
第+3日	-0.0907	0.0473	-0.0039（0.4665）	-0.00265	0.02572
第+4日	-0.0679	0.084	-0.0002（0.9732）	-0.0022	0.02706
第+5日	-0.0731	0.0662	0.0001（0.9918）	0.00145	0.03134
第+6日	-0.0443	0.0266	-0.0046（0.2089）	-0.00385	0.01757
第+7日	-0.0234	0.0504	0.0060（0.1710）	0.0033	0.0207
第+8日	-0.0643	0.0442	0.0028（0.5889）	0.00605	0.02495
第+9日	-0.0613	0.0764	-0.0028（0.6032）	-0.00985	0.02599
第+10日	-0.0521	0.0258	-0.0017（0.5767）	0.00065	0.01474
有效样本数	222				

注：***、**、*分别表示在1%、5%、10%的水平上与"0"存在显著差异；括号内的数值为单样本t检验中t统计量的双尾概率P值。

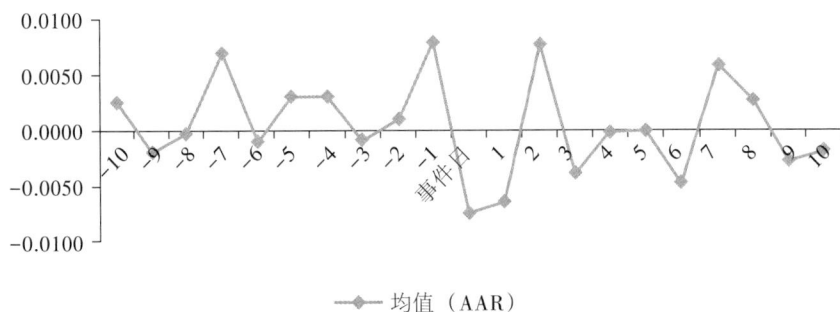

图4-4　中频募资投向变更平均超常收益率（AAR）变化趋势图

表4-8和图4-4显示，市场投资者对中频募资投向变更公告的市场反应由公告日前一天的向上市场反应，转向公告日当天及其后一天的向下市场反应，并且其公告日当天及后一天的向下市场反应在统计上显著。这说明投资者对上市公司再次变更募集资金投向的决策行为已经开

始持怀疑态度，并且更偏向于"用脚投票"，即是说，投资者预期这种决策行为将损毁公司业绩。

表4-9   高频募资投向变更平均超常收益率（AAR）描述性统计

	最小值	最大值	均值（AAR）	中位数	标准差
第-10日	-0.0291	0.0733	0.0073（0.2555）	-0.0007	0.0256
第-9日	-0.0449	0.0634	0.0005（0.9306）	-0.0011	0.0233
第-8日	-0.0476	0.0465	0.0038（0.5476）	0.0069	0.0254
第-7日	-0.0203	0.0805	0.0076（0.2258）	0.0015	0.0250
第-6日	-0.0462	0.0678	0.0039（0.5052）	-0.0005	0.0238
第-5日	-0.0213	0.0327	0.0035（0.3429）	0.0014	0.0150
第-4日	-0.1142	0.0963	-0.0005（0.9606）	-0.0048	0.0401
第-3日	-0.0293	0.1058	0.0101（0.1777）	0.0078	0.0297
第-2日	-0.0509	0.0623	-0.0010（0.6538）	-0.0033	0.0266
第-1日	-0.0413	0.0723	-0.0014（0.0459**）	0.0089	0.0272
事件日	-0.0330	0.0254	-0.0047（0.8625）	-0.0018	0.0160
第+1日	-0.0722	0.0692	-0.0037（0.6403）	0.0011	0.0323
第+2日	-0.0318	0.0571	-0.0015（0.9348）	-0.0085	0.0225
第+3日	-0.0486	0.0783	0.0056（0.4442）	0.0019	0.0294
第+4日	-0.0356	0.1135	0.0070（0.4060）	-0.0008	0.0339
第+5日	-0.0466	0.0573	-0.0054（0.3560）	-0.0085	0.0235
第+6日	-0.0371	0.0196	-0.0105（0.0144**）	-0.0087	0.0158
第+7日	-0.0633	0.0360	-0.0098（0.0919*）	-0.0106	0.0224
第+8日	-0.0238	0.0229	-0.0027（0.3743）	-0.0026	0.0121
第+9日	-0.0228	0.0386	0.0069（0.1286）	0.0065	0.0177
第+10日	-0.0282	0.0200	0.0008（0.7646）	0.0000	0.0112
有效样本数	172				

注：***、**、*分别表示在1%、5%、10%的水平上与"0"存在显著差异；括号内的数值为单样本t检验中t统计量的双尾概率P值。

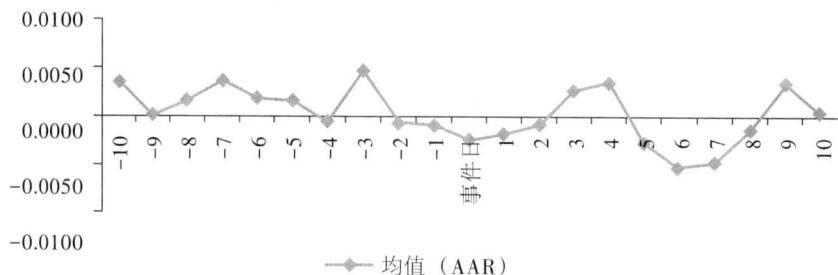

图4-5　高频募资投向变更平均超常收益率（AAR）变化趋势图

表4-9和图4-5显示，尽管投资者在事件日附近只有第-1日的市场反应在统计上显著，但在（-2，+2）期间却出现了连续五个交易日的市场反应为向下的现象，这明显有别于低频募资投向变更公告和中频募资投向变更公告市场反应持续时间较短的情况。

综上，总体来讲，可推断投资者认为高频次的募资投向变更行为将导致更为严重的业绩下降，即是说，本书在前文中提出的"H4-2：上市公司变更募集资金投向的频率越高，股票价格下跌的幅度越大"得到验证。

为了更加精确和更加直观地反映市场投资者对不同频次募资投向变更公告的市场反应差异，本书特地编制了表4-10。

表4-10　市场投资者对不同频次募资投向变更公告的市场反应差异

	低频变更	中频变更	高频变更	高与中	高与低	中与低
第-10日	0.0009	0.0026	0.0073	0.0048	0.0064	0.0017
第-9日	-0.0001	-0.0019	0.0005	0.0024	0.0006	-0.0017
第-8日	0.0033	-0.0003	0.0038	0.0041	0.0005	-0.0036
第-7日	-0.0021	0.0071	0.0076	0.0005	0.0097	0.0092
第-6日	0.0021	-0.0009	0.0039	0.0048	0.0019	-0.0029
第-5日	-0.0026	0.0031	0.0035	0.0004	0.0062	0.0058
第-4日	0.0002	0.0031	-0.0005	-0.0036	-0.0007	0.0029
第-3日	-0.0014	-0.0009	0.0101	0.0110	0.0116	0.0006
第-2日	0.0035	0.0010	-0.0010	-0.0019	-0.0044	-0.0025

续表

	低频变更	中频变更	高频变更	高与中	高与低	中与低
第−1日	0.0033	0.0080	−0.0014	−0.0095	−0.0047	0.0048
事件日	0.0041	−0.0074	−0.0047	0.0027	−0 0088	−0.0115
第+1日	−0.0030	−0.0064	−0.0037	0.0026	−0.0007	−0.0034
第+2日	0.0018	0.0080	−0.0015	−0.0094	−0.0033	0.0062
第+3日	−0.0032	−0.0039	0.0056	0.0095	0.0088	−0.0007
第+4日	0.0006	−0.0002	0.0070	0.0072	0.0065	−0.0007
第+5日	0.0055	0.0001	−0.0054	−0.0055	−0.0110	−0.0055
第+6日	0.0028	−0.0046	−0.0105	−0.0059	−0.0133	−0.0074
第+7日	−0.0009	0.0060	−0.0098	−0.0157	−0.0089	0.0068
第+8日	−0.0011	0.0028	−0.0027	−0.0055	−0.0016	0.0039
第+9日	0.0011	−0.0028	0.0069	0.0097	0.0058	−0.0039
第+10日	−0.0040	−0.0017	0.0008	0.0025	0.0049	0.0023

注：① "高与中"列各数值等于高频变更样本 AAR 与相应交易日的中频变更样本 AAR 之差；

② "高与低"列各数值等于高频变更样本 AAR 与相应交易日的低频变更样本 AAR 之差；

③ "中与低"列各数值等于中频变更样本 AAR 与相应交易日的低频变更样本 AAR 之差。

从表 4-10 中数据来看，不同频次间的市场反应差异并不明显，基本上都呈现出上下波动的随机游走状态。但如果我们将目光聚焦于事件日附近，则可以发现，尽管高频募资投向变更样本与中频募资投向变更样本在事件日附近的市场反应差异以及中频募资投向变更样本与低频募资投向变更样本在事件日附近的市场反应差异均不明显，但是，高频募资投向变更样本与低频募资投向变更样本在事件日附近的市场反应差异却相对较明显，具体体现为在（−2，+2）期间，高频募资投向变更样本的 AAR 均低于低频募资投向变更样本在对应交易日的 AAR，即在表4-10中，"高与低"列在"第-2日"至"第+2日"期间的值均为负值。这说明，投资者并未明显区别对待相邻频次的募资投向变更行为，但对于募资投向变更频次相差较大的募资投向变更行为则给予了较明显的差别对待，即变更频次越高，投资者越倾向于"用脚投票"，即预期该募资投向变更行为的代理成本越高。这再次表明本书在前文提出的研究假设"H4-2：上市公司变更募集资金投向的频率越高，股票价格下跌的幅度越大"得到验证。

综上，基于投资者与公司管理层之间的委托代理关系，运用代理成本理论对我国上市公司变更募集资金投向行为进行理论分析，可推导出"上市公司发布变更募集资金投向公告时会引起公司股票价格在公告日及其附近出现下跌"。但运用我国经验数据进行检验后却发现，我国上市公司发布变更募集资金投向公告时并没有引起公司股票价格在公告日及其附近出现下跌。通过区分不同频次的募资投向变更公告作进一步检验，作者发现，投资者对上市公司首次变更募集资金投向行为持向上的市场反应；对再次变更募集资金投向行为的市场反应则由公告日前一天的向上市场反应，转向公告日当天及其后一天的向下市场反应；对累计多次（即3次及以上）变更募集资金投向行为的市场反应则表现为持续多日的向下市场反应。

第5章　上市公司变更募集资金投向实际财务效应：经济增加值

　　在前面的论述中，本书首先立足于上市公司管理层角度，运用不可逆投资理论分析了其实施变更募集资金投向行为的合理性一面，即上市公司管理层是为了实现良性财务效应而变更募集资金投向的，他们预期通过变更募集资金投向行为，能够有助于实现"更好回报股东""提高公司经济效益，维护投资者权益""提高募集资金使用效率和效益"等良好愿望。接着，本书又立足于市场投资者角度，运用代理成本理论分析了市场投资者对上市公司管理层变更募集资金投向行为的预期财务效应，即在市场投资者看来，上市公司管理层变更募集资金投向行为将产生代理成本，他们预期募集资金投向变更行为会带来恶性财务效应。由此，作者提出了研究假设"上市公司发布变更募集资金投向公告时会引起公司股票价格在公告日及其附近出现下跌"。但来自我国上市公司经验数据的实证结果却表明，从整体上来看，市场投资者对上市公司管理层变更募集资金投向行为持向上的市场反应，即市场投资者实际上预期募集资金投向变更行为会带来良性财务效应，而不是恶性财务效应。这与上市公司管理层的预期财务效应基本一致，与作者的研究假设并不一致。不过，市场投资者并没有对所有的募集资金投向变更行为都持向上的市场反应，他们而是有区别地对待了不同情况下的募集资金投向变更行为，即投资者对上市公司首次变更募集资金投向行为持向上的市场反应；对再次变更募集资金投向行为的市场反应则由公告日前一天的向上市场反应，转向公告日当天及其后一天的向下市场反应；对累计多次（即3次及以上）变更募集资金投向行为的市场反应则表现为持续多日的向下市场反应。换句话说，市场投资者对较高频次的募集资金投向变更行为的财务效应预期比对较低频次的募集资金投向变更行为的财务效应预期要差。

不论是上市公司管理层对募集资金投向变更行为的财务效应预期，还是市场投资者对募集资金投向变更行为的财务效应预期，它们终究是一种"预期"的财务效应，而不是实际的财务效应。那么，我们应该如何检验上市公司管理层变更募集资金投向后的实际财务效应呢？由于财务效应通常是指因实施某一特定财务活动而引起的企业财务状况变化，而对于上市公司管理层变更募集资金投向行为而言，人们最为关心的财务状况变化就是上市公司的业绩变化和股价变化，因此，严格地讲，我们应该从上市公司管理层变更募集资金投向后的公司业绩变化和公司股价变化两个方面来检验募集资金投向变更后的实际财务效应。但由于上市公司的长期股价变化会受到市场基本面的影响，难以分辨出仅由募集资金投向变更行为所引起的股价变化程度，因此，本书将仅从业绩变化的角度来检验上市公司变更募集资金投向后的实际财务效应。

由于以经济增加值等剩余收益类的业绩评价指标来衡量代理人的业绩是对代理人最为正确的激励（Rogerson，1997），有利于促使代理人在日常经营中最大限度地采取与委托人利益一致的经营决策行为，尽可能多地为委托人创造价值，将委托代理成本降到最低程度（Reichelstein，2000；Dutta 和 Reichelstein，2002），因此，本书将以经济增加值作为业绩变化的表征指标。

进一步地，由于经济增加值反映的是企业整体上的业绩变化，而不是由某一具体经营活动所引起的业绩变化。因此，为了排除募集资金投向变更公司业绩变化中由其他经营活动所引起的业绩变化噪音，本书将运用差量经济增加值来计量由募集资金投向变更行为所引起的业绩变化。

5.1 经济增加值及其在我国的应用

5.1.1 经济增加值概述

众所周知，企业是以盈利为目的的社会经济组织。因此，最大化企业价值以实现企业资产的保值与增值是企业经营者进行经营决策的前提。这一经营决策的前提在企业经营者与所有者合二为一的经营模式下通常会被严格遵守，因为在这一经营模式下，企业的经营者同时也就是企业资产的所有者，他们经营决策的效果将会直接影响其自身财富的增减。然而，在两权分离的经营模型下，这一经营决策的前提就难以被严格遵守，因为在两权分离的经营模式下，企业经营者并不是企业资产的所有者（至少不是全部资产的所有者），因此，他们努力工作所带来的收益增加额并不归他们所有（至少不是全部归他们所有），而一旦经营失败，他们却要承担全部经营责任。为了明哲保身，经营者总是以次优决策来降低风险（比如，过度降低财务杠杆以避免财务困境风险）。而次优决策的实施必然导致代理成本的产生，从而无益于企业价值的最大化和股东财富的增加。

为了使企业经营者能够努力工作，企业所有者往往会通过激励和约束这双重手段来监督企业经营者的经营行为。然而，不论是作为激励手段的奖励措施的实施，还是作为约束手段的惩罚措施的实施，它们都需要一个评判标准，即企业经营者在何种情况下应该得到奖励，在何种情况下应该受到惩罚。由于两权分离条件下的企业所有者无权干预企业的日常经营行为，因此，企业所有者对企业经营者的奖励与惩罚标准就只能依据企业经营活动的最终效果来决定。这一经营活动的最终效果也就是人们通常所说的"业绩"。当企业业绩水平优于所有者的预期业绩时，企业经营者将得到奖励；当企业业绩水平不及所有者的预期时，企业经营者将受到惩罚。

那么，企业所有者应该如何评价企业的业绩呢？对此问题，学术界展开了长期的讨论，并且这一讨论仍在进行之中。

从企业业绩评价方法的发展历程来看，大致经历了如下三个阶段：

第一阶段：以会计利润为标准，并且不考虑企业所占用权益资金的机会成本

这一阶段的企业业绩评价指标以美国杜邦公司于 20 世纪初创建的净资产收益率（return on equity，ROE）为主要代表。净资产收益率，也称股东权益收益率或股东权益报酬率，是指企业税后净利润除以平均股东权益后所得到的百分比。它用于衡量公司对股东投入资本的利用效率。该指标值越高，表明公司对股东投入资本的利用效率越高，给股东创造的财富也越多；反之，则相反。这一业绩评价指标的最大优点就在于它将收益与产生收益的资本联系了起来，用单位资本收益率代替了收益总额。这就有利于促使企业经营者努力寻找具有更高投资效率的项目以实现企业价值最大化和股东财富最大化目标。同时，这一业绩评价指标还以股东投入的资本作为衡量企业经营业绩高低的参照，直接体现了股东对企业的利益诉求，明确地表达了企业的使命就是实现企业价值最大化和股东财富最大化这一思想。但是，净资产收益率很容易被企业经营者所控制，即企业经营者为了保持较高的净资产收益率水平，他们有可能放弃那些低于目前投资收益率但高于企业资本成本的投资机会，从而与企业的目标使命相违背。因此，净资产收益率指标日益受到来自理论界的批评。

第二阶段：以会计利润为核心，但要扣除企业所占用权益资金的机会成本

这一阶段的企业业绩评价指标以日本松夏公司于 20 世纪 30 年代创建的"剩余收益"（residual incomes）指标为主要代表。该指标主要用于企业内部不同责任部门之间的业绩评价，但也适用于对企业整体业绩的评价。其主要目的是抑制各责任部门不计成本地贪占资金的低效率投资行为。它被定义为各责任部门所获利润减去其投资额按规定（或预期）的最低投资收益率计算的投资收益后的余额，即：

剩余收益=利润−投资额×规定（或预期）的最低投资收益率

剩余收益指标的提出有其现实的背景，即随着企业规模的逐步扩大，企业的股权分布越来越分散，企业原来的所有者对企业收益的要求权逐渐下降，出于对成本收益率（收益÷成本）边际递减的考虑，他们对企业经营者的监督逐渐倾向于"搭便车"；企业经营者由于受到的来自企业所有者的监督力度越来越弱，在个人私欲的驱使下，他们不但会利用自己的信息优势以各种方式（比如，在职消费、"构建帝国"等）来侵蚀企业所有者已经投入的资本，而且会以种种理由（比如，增加企业流动资金、扩大企业规模）向企业所有者伸手要钱。这样一来，一方面，企业所有者投入企业的资金规模越来越大；另一方面，企业所有者获得的投资回报相对越来越少。究其原因，就在于企业经营者将企业所有者投入的资本当成了"免费资本"，错误地认为所有者投入的资本可以不计算其成本，可以随心所欲地自由使用。显然，这与企业所有者的投资初衷是背道而驰的。因此，为了鞭策企业经营者能够审慎地进行投融资，人们将按规定（或预期）的最低投资收益率计算的投资成本作为利润的扣减项目，并以扣减后的差额作为对企业经营者经营业绩的评价指标。

剩余收益指标虽然考虑了企业所有者所投入资金的机会成本，有利于鞭策企业经营者审慎地进行投融资，但其仍然存在一个致命的缺陷，即它与这之前的业绩评价指标一样也是一个会计指标，是以财务报表所提供的信息为基础的。而我们知道，财务报表所提供的信息又是以权责发生制为基础的，即不论款项是否已经收付，只要是企业当期已经实现的收入和已经发生或者应当负担的费用，都应该作为当期的收入和费用来看待，而对于那些即使已经在当期收付但并不属于当期的收入和费用，也不能作为企业当期的收入和费用来看待。比如，企业按照规定所提取的各种准备金要抵减当期对应的资产项目，准备金余额的变动也要计入当期的费用项目。但对于企业的经营者来讲，这些准备金所对应的资产项目实际上并没有减少，准备金余额的变动也并不是当期费用的实际支出，它们只是出于谨慎性的考虑而进行的账面调整。可见，权责发生制下的财务报表信息对企业业绩的反映本身就存在一定程度上的失真。由此，以财务报表信息为基础的剩余收益指标也就存在着天然的缺陷，即它不能真实地反映企业的业绩水平。

第三阶段：以会计利润为基础，但要扣除企业所占用权益资金的机会成本，同时还要对相关会计数据作出适当调整

这一阶段的企业业绩评价指标以美国 Stern Steward 管理咨询公司的创始人 Stern 和 Steward 于 1982 年提出的经济增加值（economic value added，EVA）为主要代表。经济增加值指标保留了计算剩余收益时将企业全部资本成本（包括权益资本按最低投资收益率计算的机会成本）作为利润扣减项目的合理内核，但同时要求对按一般公认会计原则（GAAP）计算的会计数据进行相应调整，以真实地反映企业经营活动对企业价值和股东财富的贡献。其计算公式如下：

$$EVA_t = NOPAT_t - WACC_t \times NA_{t-1}$$

式中：EVA_t——代表企业第 t 年的经济增加值；

$NOPAT_t$——代表企业第 t 年经过调整的税后营业净利润；

$WACC_t$——代表企业第 t 年加权平均资本成本；

NA_{t-1}——代表企业第 t 年年初全部占用资本（等于债务资本与股权资本之和）。

$$\text{加权平均资本成本（WACC）} = \text{资产负债率} \times \text{债务资本成本} \times (1-\text{企业所得税税率}) + (1-\text{资产负债率}) \times \text{权益资本成本}$$

由此可见，经济增加值指标只不过是对剩余收益指标的一种批判性吸收，它通过对会计数据的调整，使剩余收益不再受一般公认会计原则的影响，从而能够更加准确地评价企业业绩。被誉为"现代管理学之父"的美国著名管理学家彼得·德鲁克（Peter F. Drucker）就曾经在《哈佛商业评论》中对经济增加值指标作出这样的评论："EVA 绝不是一个新概念，EVA 只不过是对经济学家的'剩余收益'概念的发展，并且有可操作性和高度的灵活性。"

经济增加值概念一经提出，就在实务界中得到了广泛的应用与传播，并且取得了较好的评价效果。美国 Coca-Cola 公司是最早使用经济增加值指标评价企业业绩的公司。该公司在运用经济增加值指标评价公司业绩之前，其公司股票价格只有 3 美元，而在第一次采用经济增加值

指标来评价公司业绩之后，该公司的股票价格就超过了60美元。除此之外，AT&T以及Du Pont等其他企业巨人在采用了经济增加值评价指标之后，经营状况也得到了显著改善。Stern Stewart公司在1998年曾进行一次调查，其调查结果显示，运用经济增加值的企业在5年内比同行业竞争者多创造了49%的股票市值财富。

我们在盛赞经济增加值的优点的同时，也应该注意到其存在的不足之处，即经济增加值只是一个财务指标，它并不能反映企业业绩的全部，尤其是对那些影响企业未来业绩的非财务方面（比如，员工素质的提高、公司战略的优化）更是能力有限。因此，我们在实务中应该将这一业绩评价方法与其他业绩评价方法（比如，平衡计分卡）相结合，而不能将其作为业绩评价的"万能药方"。美国著名会计学家Zimmerman（1999）就指出：经济增加值绩效评价系统"只解决了2/3的问题"。

5.1.2 经济增加值在我国的适用性

尽管经济增加值指标在评价企业业绩方面也存在一些不足之处，但这并不妨碍其在评价企业业绩方面的优越性的发挥。本书认为，在我国现实情况下，以经济增加值作为评价上市公司业绩的指标将具有更大的优越性。国务院国有资产监督管理委员会于2019年3月1日发布并且于2019年4月1日起实施的《中央企业负责人经营业绩考核办法》将经济增加值指标作为考核中央企业负责人年度经营业绩基本指标的明文规定就是最具有说服力的证据。具体分析如下：

（1）以经济增加值指标评价上市公司业绩，将有助于上市公司树立"创值"的投资理念。

创值投资理念是20世纪80年代以来在欧美国家企业中普遍推行的一种投资理念。在创值投资理念下，衡量企业投资行为是否可行的一个重要评判标准就是看其投资收益在补偿了全部投资资金（包括股权资金和债务资金）成本后是否有剩余。有剩余则表明创造了价值，没有剩余则表明损毁了价值。而且剩余越多，投资行为的创值程度越高，为股东带来的财富也越多；剩余越少，投资行为的创值程度越低，为股东带来的财富也越少。可见，创值投资理念为企业资本的优化配置提供了一个准确的效益导向信号，能够促使企业经营者正视投资资金的机会成本，避免资金浪费行为的发生。Stern Stewart 公司提出的经济增加值概念就是创值投资理念的一个重要应用。

随着改革开放的深入以及中国特色社会主义市场经济的建立，我国上市公司的投资理念得到不断更新。这在一定程度上促进了我国上市公司经营效益的提高。但总体来讲，我国上市公司目前仍然处于粗放型资本经营模式。刘芍佳和从树海（2002）的实证研究结果表明，我国上市公司在 1997—2000 年间的净资产增加了 49%，而平均利润却只增加了 9%，创值能力下降了 64%。他们将导致这一结果的原因解释为上市公司"圈钱买利润"的资本经营粗放行为不断加剧。另外，他们还发现至 2000 年年底，我国上市公司的耗值面已经达到了上市公司的 70% 之多。

可见，我国迫切需要经济增加值这样的创值度量指标来评判上市公司的经营业绩，以引导其逐步树立起"创值"投资理念。

（2）以经济增加值评价上市公司业绩，将有利于遏制我国上市公司偏好于股权融资的倾向。

从资金性质来讲，企业资金由两部分构成：一部分是企业所有者投入的权益资金；另一部分是企业向债权人借入的债务资金。不同性质资金的提供者，由于其承担的风险程度大小不同，因此，他们要求的资金回报率也不相同。企业所有者投入的权益资金，是企业资金的根本来源，不能随便抽回（除非企业破产或者按照相关规定需要减少企业的注册资本），因此，企业所有者承担了较大程度的风险。在"风险-报酬"权衡原则下，他们也就会相应地要求得到较高的资金回报率。然而，向企业提供债务资金的债权人，由于其本金及利息有借款合同作为保障（即使企业破产，其补偿权也优先于企业所有者），因此，他们要求的资金回报率比所有者要求的资金回报率相对要低。可见，在"成本-效益"决策原则下，企业如果需要资金，首先考虑到的应该是向债权人借入债务资金而不是向企业所有者融入权益资金。Modigliani 和 Miller（1963）通过对债务资金的税额庇护效应进行分析后发现，企业价值会随着企业负债程度的提高而增加，股东也可以从中获得更多好处，即是说债务融资应该优先于权益融资。Myers和Majluf（1984）从信息不对称的角度也分析得出，当企业需要对外筹资时，首选的融资方式应该是债务融资方式。实证研究表明，西方发达国家的企业，融资实践与此是相符合的。有资料显示（章卫东，2006），在1958—1984年间西方发达国家企业股权融资额占全部融资总额的比例仅在5%~26%之间，平均不到15%。而在股票市场最发达的美国，到20世纪90年代之后，其大部分上市公司都已经基本上停止股票融资方式，它们甚至还以发行债券的方式来回购已经发行在外的本公司股票，即是说股票融资方式对上市公司新投资资金来源的贡献为负值。表5-1显示了美国股票发行净额在1992—1996年间的变化情况。

表5-1 　　　　1992—1996年美国股票发行净额统计表 　　　单位：十亿美元

项目 年份	1992	1993	1994	1995	1996
股票发行净额	103.4	129.9	23.3	-19	-21.5
其中：非金融公司	27	21.3	-44.9	-74.2	-82.6
金融公司	44	45.2	20.1	4.5	3.3
国外	32.4	63.4	48.1	50.7	57.8

资料来源：杨兴全. 我国上市公司融资结构的治理效应分析 [J]. 会计研究，2002（8）：39.

那么，我国上市公司在其需要对外融资时，首先想到的又是哪一种资金来源呢？阎达五等（2001）的实证统计结果表明，在符合2000年配股要求的143家沪市上市公司中，有近70%（99家）的上市公司提出了配股要求，而在未提出配股要求的44家上市公司中，又有29家上市公司已经于1998年实施了配股方案，即是说，在符合2000年配股条件的我国143家沪市上市公司中只有15家上市公司在近三年没有实施过配股方案。可见，我国上市公司存在着强烈的股权融资偏好，当它们需要对外融通资金时首先考虑到的是融通权益资金。章卫东（2006）对2001年达到增配条件的我国上市公司的增配情况进行了统计，其统计结果同样表明我国上市公司存在着强烈的股权融资偏好（符合增配条件的221家上市公司中有150家公布了增配方案，占所有样本公司总数的67.87%）。

我国上市公司偏好股权融资的另一佐证是上市公司融资前的盈余管理行为。Haw等（1998）对我国1994—1997年间A股上市公司进行实证研究后，发现我国上市公司的管理者通常运用包括线下项目在内的交易事项和应计利润来进行盈余管理，以获得进行配股的资格。林长泉（2000）对我国沪市上市公司年报公布的净资产收益率进行统计后发现，在净资产收益率的分布上存在着三个较为明显的波峰，这三个波峰分别处于证监会规定的上市公司融资条件中关于净资产收益率的临界点处，即10%、6%和0。陆正飞和魏涛（2006）也发现我国证券监督管理委员会对配股的"门槛"要求使得上市公司管理层有很强的动机在配股前进行盈余管理。除此之外，杨旭东和莫小鹏（2006）、张祥建和郭岚（2007）等也都发现了我国上市公司在配股融资前进行盈余管理的有力证据。可见，我国上市公司确实存在着强烈的股权融资偏好。

而股权融资偏好会对上市公司业绩带来直接和间接的负面影响：①直接的负面影响。我们知道，与股权融资所支付的股利相比，债务融资所支付的利息是于税前扣除的，即是说债务利息具有"税盾（tax shield）"的作用，可以为企业带来额外的税额庇护利益。而当上市公司偏好于股权融资时，债务融资的这种税额庇护利益必将不能被充分利用，从而给上市公司业绩带来直接的负面影响。②间接的负面影响。在两权分离条件下，上市公司管理层为了个人私利往往会利用自己的信息优势作出一些有损公司价值和股东财富的败德行为。减少这些败德行为发生的一个重要措施就是加强对上市公司管理层的市场监督。由于我国绝大多数上市公司都由原国有企业改制而来，股东对上市公司管理层的监督基本上处于"缺位"状态，因此，来自债权人的市场监督就显得尤为重要。但当上市公司偏好于股权融资时，来自债权人的市场监督力度就会减弱，从而给上市公司业绩带来间接的负面影响。

众多研究表明，我国上市公司偏好于股权融资的一个重要原因就是股权融资的成本偏低，甚至被上市公司管理层当作了"免费资本"。因此，以经济增加值作为评价上市公司业绩的指标将有助于打消上市公司管理层的侥幸心态，从而引导其对待股权资金就像对待债务资金一样来

"有偿"使用。

（3）以经济增加值指标评价上市公司业绩，将有助于降低我国上市公司高额现金持有量，减少资金闲置现象的发生。

持有适量现金有助于保证企业资产的流动性，增强企业经营中的"柔性"。但由于现金是企业所有资产中盈利能力最差的一种资产，因此，当企业长期持有大量现金时，企业资产的整体盈利能力必然会受到负面影响，即产生代理成本。彭桃英和周伟（2006）实证得出我国上市公司在2000—2003年间的平均现金持有量为18.90%，远高于美国的8.10%（Kim，1998）和英国的9.90%（Ozkan，2004）。张功富（2007）以我国上海证券交易所和深圳证券交易所2000—2005年的434家A股工业类上市公司作为研究样本，进一步实证得出我国上市公司的自由现金流量中55.16%的比例被以金融资产的形式保留在了公司当中。可见，我国上市公司资金闲置现象严重，大量上市公司的现金持有量超过了其实际需求水平。

但是，彭桃英等（2006）和张功富（2007）只考察了我国资本市场部分时间段内甚至部分行业的上市公司现金持有量情况，因此，他们的实证结果并不具有一般意义上的代表性。为了能够全面考察我国上市公司的现金持有量，使得实证结果具有一般意义上的代表性，王茂超（2011）对我国资本市场自建市以来截至2008年12月31日的所有非金融保险行业上市公司的现金持有量进行了实证统计。统计结果表明，我国非金融保险行业上市公司1991—2008年间平均现金持有量为15.09%，远高于美国的8.10%和英国的9.90%；如果仅考察2000—2003年的现金持有量情况，则上市公司的平均现金持有量在17%左右，非常接近于彭桃英和周伟（2006）的检验结果；如果分年度考察，则我国上市公司的平均现金持有量最低的年份是1995年，为6.73%，最高的是2001年，达到18.34%；如果分行业考察，我国上市公司平均现金持有量最低的行业是水电煤气业（这可能与该行业属于国家垄断性经营行业有关，因为企业在需要资金时能够随时获得国家财政资金支持，不需要储备大量资金），最高的是信息技术业（这可能与该行业属于朝阳行业，需要大量资金支持企业成长有关）。

那么，就我国变更募集资金投向的上市公司来说，它们在变更募集资金投向当年的现金持有量又处于怎样的水平呢？王茂超（2011）以募集资金投向变更公告所对应的上市公司作为考察对象，对其变更募集资金投向当年的现金持有量进行了统计，结果表明，募集资金投向变更公司的平均现金持有量为17.71%，高于整个资本市场的平均现金持有水平（15.09%）；如果以平均现金持有量等于10%为界对变更募集资金投向的上市公司进行分类，将平均现金持有量大于10%的上市公司划分为高额现金持有公司，则75.59%的募集资金投向变更公司属于高额现金持有公司。可见，上市公司变更募集资金投向行为与持有高额现金存在较强的相关性。

综上，不论是从我国整个资本市场角度来看，还是仅仅从变更募集资金投向公司局部角度来看，我国上市公司的平均现金持有量都远远超过了西方发达国家的上市公司平均现金持有量（美国为8.10%，英国为9.90%），而且我国变更募集资金投向上市公司的平均现金持有量（17.71%）还显著高于我国整个资本市场的平均现金持有量（15.09%）。虽然影响现金持有量的因素有很多，但就我国上市公司来讲，一个重要因素就是上市公司管理层忽视了权益资金的机会成本。因此，运用经济增加值指标来评价上市公司的业绩，将能时刻提醒上市公司管理层牢记资金的机会成本（尤其是权益资金的机会成本），使他们充分认识到闲置资金也是一种降低公司业绩的非效率行为，从而有助于减少我国上市公司的现金持有量，减少资金闲置现象的发生。

5.1.3　经济增加值在我国实践中的已有设计

根据Stern Stewart公司的研究，如果要精确计算某企业在某年度的经济增加值，则需要对该企业基于一般公认会计原则（GAAP）核算的会计数据进行大量调整后方能达到，被调整的会计科目多达120多个。这对于绝大多数企业来说，都是难以完全做到的，而且也过于复杂，不便于实际操作。事实上，在实践中，也并不是每个企业都需要进行所有科目的调整，通常只需要进行5～10个重要科目的调整即可达到相当的精确程度。为了帮助实践者合理、有效地调整会计科目，Stern Stewart 公司建议根据以下四个原则来判断某个会计科目是否需要调整：①该会计科目调整对 EVA 的最后计算结果是否有重大影响；②企业管理者是否能够影响与该会计科目调整相关的支出；③该会计科目调整对于 EVA 的实际计算者来说是否易于理解；④该会计科目调整所需要的资料是否能够容易取得。

从经济增加值在我国的实际运用情况来看，主要存在两个具有较大影响力的调整模型。

（1）Stern Stewart 公司对我国上市公司经济增加值指标的设计

针对我国资本市场的具体特点，Stern Stewart 公司曾采用如下简化公式来计算我国上市公司的经济增加值，并根据计算结果先后在《财经》杂志上发布了 2000 年度、2001 年度和 2002 年度的"中国上市公司财富创造和毁灭排行榜"。

总公式如下：

经济增加值（EVA）＝税后净营业利润－资本使用成本

其中：

$$
\begin{aligned}
税后净营业利润 = &营业利润 + 财务费用 + 当年计提的坏账准备 + 当年计提的存货跌价准备 \\
&+ 当年计提的长短期投资减值准备 + 委托贷款减值准备 \\
&+ 投资收益 + 期货损益 - EVA税收调整
\end{aligned}
$$

$$
\begin{aligned}
EVA税收调整 = &（利润表上的所得税 + 企业适用的所得税税率）\times（财务费用 + 营业外支出 \\
&- 固定资产减值准备 - 无形资产减值准备 - 在建工程减值准备 \\
&- 营业外收入 - 补贴收入）
\end{aligned}
$$

$$
资本使用成本 = （债务资本 + 股本资本 + 约当股本资本 - 现金和银行存款 - 在建工程净值）\times 加权平均资本成本
$$

债务资本＝短期借款＋一年内到期的长期借款＋长期借款＋应付债券

股本资本＝股东权益合计＋少数股东权益

$$
\begin{aligned}
约当股权资本 = &存货跌价准备 + 长短期投资减值准备 + 委托贷款减值准备 + 固定资产减值准备 + 无形资产减值准备 + 累计税后营业外支出 \\
&- 累计税后营业外收入 - 累计税后补贴收入 - 累计税后固定资产减值准备 - 累计税后无形资产减值准备 - 累计税后在建工程减值准备
\end{aligned}
$$

$$
加权平均资本成本 = 债务资本成本 \times（\frac{债务资本}{总市值}）\times（1-企业所得税税率）+ 股本资本成本 \times（\frac{股本资本}{总市值}）
$$

股本资本成本=无风险收益率+BETA系数×市场风险溢价

债务资本成本=3～5年中长期银行贷款基准利率

尽管 Stern Stewart 公司设计的我国上市公司经济增加值计算公式有所简化，但这对于非专业人士来说仍然稍显复杂，不易于理解和操作。从其评价效果来看，也并不太理想。根据其公布的 EVA 排行榜，蓝田股份 1999 年排名第 4 位，2000 年排名第 20 位；银广夏 1999 年排名第 272 位，2000 年排名第 14 位，然而这两家上市公司后来都因为财务造假而被终止上市。

现在 Stern Stewart 公司已经离开，但问题的根本可能并不出在 EVA 这一方法上，因为在欧美等国家已经有大量的成功案例支持了这一业绩评价方法的有效性。究其原因，很可能是其在开发中国这一新兴市场时缺乏对中国本土化的执行能力所致。就我国财务理论研究和企业实践情况来看，自从 1993 年《参考消息》刊登的一篇名为"'附加经济价值'规则"的文章首次引入经济增加值概念之后，我国财务理论界和企业实践界就一直未停止过对经济增加值的持续研究与实践工作。

（2）国务院国有资产监督管理委员会对中央企业经济增加值指标的设计

2009 年 12 月 28 日，国务院国有资产监督管理委员会发布了《中央企业负责人经营业绩考核暂行办法》（以下简称《办法》），首次明确规定将经济增加值（EVA）指标作为考核中央企业负责人年度经营业绩的基本指标之一，从而在制度层面上进一步肯定了经济增加值指标在企业业绩评价中的重要地位。该《办法》所确定的经济增加值计算过程如下：

经济增加值=税后净营业利润-资本成本

=税后净营业利润-调整后资本×平均资本成本

式中：

税后净营业利润=净利润+（利息支出+研究开发费用调整项-非经常性收益调整项×50%）×（1-25%）

调整后资本=平均所有者权益+平均负债合计-平均无息流动负债-平均在建工程

会计调整事项说明：

利息支出：是指中央企业财务报表中的"财务费用"项目下的"利息支出"金额；

研究开发费用调整项：是指中央企业财务报表中的"管理费用"项目下的"研究与开发费"项目和当期确认为无形资产的研究开发支出；

非经常性收益调整项：包括中央企业变卖主业优质资产收益、主业优质资产以外的非流动资产转让收益，以及其他非经常性收益；

无息流动负债：是指中央企业财务报表中的"应付账款"项目、"应付票据"项目、"预收款项"项目、"应交税费"项目、"其他应付款"项目和"其他流动负债"项目；

在建工程：是指企业财务报表中的符合主业规定的"在建工程"；

其他调整：如果中央企业发生了下列情形之一，对经济增加值考核指标产生了重大影响，则可予以酌情调整：发生重大政策变化、发生严重自然灾害等不可抗力因素、企业存在资产重组（或上市或会计准则调整等）不可比因素、国务院国有资产监督管理委员会认可的中央企业结构调整等其他事项。

平均资本成本的确定：原则上将平均资本成本确定为 5.5%。但对于承担国家政策性任务较重而且资产通用性比较差的企业，资本成本调整为 4.1%；资产负债率在 75% 以上的工业企业和 80% 以上的非工业企业，其资本成本须上浮 0.5 个百分点。资本成本一经确定，必须 3 年内保持不变。

在这之后，国务院国有资产监督管理委员会对经济增加值指标的计算公式进行了一些细微调整，但始终未动摇该指标在中央企业负责人经营业绩考核中的重要地位，并且该指标一直被沿用至今。

5.2 研究设计

5.2.1 经济增加值指标再设计

由于国务院国有资产监督管理委员会针对我国中央企业设计的经济

增加值指标更接近于我国企业的实际情况，具有较高的权威性，因此，作者在后续研究中将以此经济增加值指标为基本参照。

同时，出于对相关数据可得性及实际情况的考虑，作者还将对国务院国有资产监督管理委员会确定的经济增加值计算公式中的部分参数进行适当取舍或变动：

（1）利息支出项。作为局外人，笔者难以从公开的财务报表上得到上市公司当年用于利息支出的具体金额数据，因此，作者将以上市公司当年的财务费用来替代当年的利息支出金额。

（2）研究开发费用调整项。同理，作为局外人，作者难以从公开的财务报表上得到上市公司用于研究开发的具体金额数据，而且事实上我国上市公司费用开支中能够进行资本化的研发等开支也并不算太多，因此，本书实证中未考虑研发等费用支出的资本化问题。

（3）非经常性收益调整项。同理，作为局外人，作者无法准确判断哪些收益属于上市公司的"主业优质资产变卖收益"，哪些收益属于上市公司的"主业优质资产以外的非流动资产转让收益"等。因此，作者将以财务报表上公示的营业外支出与营业外收入之差来大致替代非经常性收益调整项，并去除"50%"这一折算比率。

（4）企业所得税税率。由于上市公司分布的行业广泛，每个上市公司的具体情况又千差万别，各自适用的企业所得税税率并不完全相同，因此，作者将以每个上市公司实际适用的企业所得税税率作为计算"税后净营业利润"的税率，而不是统一规定为"25%"。

（5）平均资本成本：统一确定为5.5%，即是说不再从资产负债率的高低等角度对平均资本成本进行分类处理。

另外，由于经济增加值反映的是企业整体上的业绩变化，而不是由某一具体经营活动所引起的业绩变化。因此，为了排除募集资金投向变更公司业绩变化中由其他经营活动所引起的业绩变化噪音，还需要对计算出的经济增加值进行调整，以剔除业绩变化中的噪音。同时，为了使不同规模上市公司之间的经济增加值具有相互可比性，作者还将对计算出的经济增加值进行标准化处理。

基于上述思考，本书用于表征上市公司变更募集资金投向后实际财务效应的经济增加值指标计算方法与步骤如下：

第一步：计算上市公司变更募集资金投向后经济增加值的绝对值，并用资本规模对其进行标准化处理。计算经济增加值的绝对值的公式如下：

经济增加值=税后净营业利润-资本成本

$$=[净利润+(\frac{财务}{费用}+\frac{营业外}{支出}-\frac{营业外}{收入})\times(1-\frac{企业}{所得税率})]-[(\frac{平均}{所有者权益}+$$

$$\frac{平均}{负债合计}-\frac{平均无息}{流动负债}-\frac{平均}{在建工程})\times5.5\%]$$

式中："无息流动负债"和"在建工程"的统计口径与国务院国有资产监督管理委员会的统计口径相同，即："无息流动负债"是指企业财务报表中的"应付账款"、"应付票据"、"预收款项"、"应交税费"、"其他应付款"和"其他流动负债"；"在建工程"是指企业财务报表中的符合主业规定的"在建工程"。

由于募集资金所涉及的投资项目几乎都是长期投资项目，而长期投资项目的投资见效期一般都在一年以上。因此，为了能够更加真实地反映我国上市公司变更募集资金投向所带来的财务效应，作者将以变更募集资金投向后两个完整会计年度的平均经济增加值作为上市公司变更募集资金投向之后的经济增加值。比如，如果 A 公司于 2006 年变更了募集资金投向，则以其 2007 年和 2008 年两个会计年度的经济增加值的算术平均值作为其变更募集资金投向后的经济增加值。

第二步：计算募集资金投向变更公司在变更募集资金投向之前的经济增加值，并用资本规模对其进行标准化处理。

上市公司变更募集资金投向之前的经济增加值以其变更募集资金投向前一年度的经济增加值来表示。但如果变更募集资金投向的上市公司在其首次公开发行股票（IPO）当年就变更了募集资金投向，则以其变更募集资金投向当年的经济增加值来近似替代其变更募集资金投向之前的经济增加值。比如，如果 A 公司于 2006 年变更了募集资金投向，则以其 2005 年的经济增加值作为其变更募集资金投向之前的经济增加值。但如果 A 公司于 2006 年首次公开发行股票，且在首次公开发行股票当年就变更了募集资金投向，则由于无法得到其首次公开发行前一年（即

2005 年）的相关财务数据，因此，作者将以其 2006 年度的经济增加值来近似替代其变更募集资金投向之前的经济增加值。

第三步：计算差量经济增加值。

差量经济增加值，是指上市公司变更募集资金投向前后的经济增加值之差。从计算角度来讲，就是指用上市公司变更募集资金投向之后的经济增加值减去其变更募集资金投向之前的经济增加值，即用"第一步"的计算结果减去"第二步"的计算结果。

5.2.2　样本选择、数据来源及所用软件

（1）样本选择

上市公司变更募集资金投向实际财务效应检验以表 2-1 所列示的 2 610 个募集资金投向变更公告所对应的上市公司作为实证研究的基础样本，并在此基础上剔除存在下列情况之一的上市公司样本：

①被变更投向的项目资金属于来源于首发、增发、配股以外的其他募集资金方式的上市公司；

②变更募集资金投向的上市公司属于金融保险行业的上市公司；

③非 A 股上市公司；

④同时发行 A 股、B 股和 H 股的上市公司；

⑤经营状态不正常的上市公司（主要指在本研究的数据统计期间出现过暂停上市、终止上市情况的上市公司）；

⑥相关数据不全的上市公司；

⑦相邻两次募集资金投向变更行为间隔期未经历两个完整会计年度的上市公司，比如，某上市公司于 2015 年变更了募集资金投向，则将删除其在 2016 年和 2017 年的募集资金投向变更公告样本；

⑧由于本书以变更募集资金投向后两个完整会计年度的平均经济增加值作为上市公司变更募集资金投向之后的经济增加值，因此，在作者搜集的募集资金投向变更样本中，需要剔除 2017 年和 2018 年的募集资金投向变更样本。

经过上述条件筛选之后，我们共得到 1 153 个研究样本。这些样本在各年度及各行业间的分布情况见表 5-2 和表 5-3。

表5-2　　　　　计算经济增加值的募集资金投向变更样本

在各年度间的分布情况

年　度	1993	1994	1995	1996	1997	1998	1999
样本（个）	2	1	0	0	5	13	21
年　度	2000	2001	2002	2003	2004	2005	2006
样本（个）	31	63	71	53	54	48	41
年　度	2007	2008	2009	2010	2011	2012	2013
样本（个）	62	55	38	43	74	83	73
年　度	2014	2015	2016	总计数			
样本（个）	103	105	114	1 153			

资料来源：作者整理。

表5-3　　　　计算经济增加值的募集资金投向变更样本

在各行业间的分布情况

行业代码	A	B	C	D	E	F
样本（个）	29	36	703	33	32	80
行业代码	G	H	I	K	L	M
样本（个）	23	4	83	47	18	8
行业代码	N	P	Q	R	S	总计数
样本（个）	12	2	9	23	11	1 153

资料来源：作者整理。

注：A——农、林、牧、渔业；B——采矿业；C——制造业；D——电力、热力、燃气及水生产和供应业；E——建筑业；F——批发和零售业；G——交通运输、仓储和邮政业；H——住宿和餐饮业；I——信息传输、软件和信息技术服务业；K——房地产业；L——租赁和商务服务业；M——科学研究和技术服务业；N——水利、环境和公共设施管理业；P——教育；Q——卫生和社会工作；R——文化、体育和娱乐业；S——综合。

（2）数据来源及所用软件

上市公司变更募集资金投向后实际财务效应检验所用财务数据均来自 RESSET 金融研究数据库；整理与分析数据时所用软件是 Stata15 和 Excel 2010。

5.3 检验结果及其分析

由于本研究考察的是上市公司变更募集资金投向前后经济增加值的变动情况，因此，差量经济增加值才是我们关注的重点。

5.3.1 差量经济增加值静态描述

经过数据整理、指标计算和统计分析，笔者发现在这 1 153 个研究样本中，有 826 个研究样本在变更募集资金投向后其差量经济增加值小于零，占研究样本总数的 71.64%；变更募集资金投向后差量经济增加值大于零的研究样本数有 327 个，占研究样本总数的 28.36%。两类样本占研究样本总数的比例相差 43.28 个百分点。变更募集资金投向后差量经济增加值的最小值为 -0.4823，最大值为 0.0424，平均值为 -0.0248（在 1% 的统计水平上显著），中位数为 -0.0206。详细结果见表 5-4。

表 5-4　　　　**上市公司变更募集资金投向后实际财务效应**

描述性统计结果

项　目	样本数量（个）			最小值	最大值	均值	中位数
	总数	大于零	小于零				
差量 EVA	1 153	327	826	-0.4823	0.0424	-0.0248	-0.0206

注："均值"的单样本 t 检验的双尾概率 P 值为".000"，即是说样本均值在 1% 的统计水平上显著小于零。

5.3.2 差量经济增加值动态变化

杨全文和薛清梅（2009）分析了我国上市公司募集资金投向变更与经营业绩之间的关系，其研究结果表明上市前后公司经营业绩下降幅度越大，越会引起公司管理层变更募集资金投向，而这种变更能够改进公司未来的经营业绩。据此逻辑，上市公司变更募集资金投向，有可能是由于公司原有经营业绩较差，公司管理层出于改善公司业绩之目的而作出的投资决策调整。作者按照前面设计的经济增加值计算公式，计算了上市公司变更募集资金投向前一年的经济增加值，并将此经济增加值与上市公司变更募集资金投向后的经济增加值进行了比较。计算与比较结果见表5-5。

表5-5　上市公司变更募集资金投向前后经济增加值动态变化情况

项　　目	样本数量（个）			最小值	最大值	均值	中位数
	总数	大于零	小于零				
变更前	1 153	480	673	−0.1493	0.0970	−0.0081	−0.0080
变更后	1 153	327	826	−0.4823	0.0424	−0.0248	−0.0206
前后差异	1 153	−153	153	−0.3330	−0.0546	−0.0167	−0.0126

表5-5的数据显示，变更募集资金投向的上市公司在变更募集资金投向之前，其经济增加值在总体上呈现负值，或许正是因为其业绩较差，才导致了上市公司管理层决定通过改变募集资金原定投向来改善公司业绩现状。但实证数据表明，这些上市公司变更募集资金投向之后，其业绩非但未能得到改善，反而变得更差：（1）从经济增加值是否大于零的样本数量来看，变更募集资金投向之前，经济增加值大于零的样本量为480个，而变更募集资金投向之后，该数值则降为327，相应地，经济增加值小于零的样本数则由变更募集资金投向之前的673个升为变更募集资金投向之后的826个，换言之，募集资金投向变更行为导致了更多的上市公司的经济增加值为负；（2）从经济增加值变动区间来看，变更募集资金投向之前，样本公司的经济增加值处于（−0.1493，0.0970），而变更募集资金投向之后，样本公司经济增加值的变动区间则变为（−0.4823，0.0424），即是说，样本公司变更募集资金投向之后其经济增加值的变动区间整体上向左移动，事实上，上市公司变更募集资金投向后其经济增加值的均值（中位数）比变更募集资金投向之前有所减

小，这再次证明，上市公司变更募集资金投向行为恶化了上市公司业绩，这与上市公司发布的变更募集资金投向公告的预期结果相反。

可见，不论是从研究样本变更募集资金投向后其差量经济增加值小于零的频数分布来看，还是从变更募集资金投向后差量经济增加值的平均值或中位数来看，我国上市公司变更募集资金投向后公司业绩变差的可能性都更大。换句话说，从研究样本的整体情况来看，我国上市公司变更募集资金投向行为更有可能损害公司业绩，而并不是像上市公司管理层在募集资金投向变更公告中所宣称的那样改善公司业绩。

第6章 上市公司变更募集资金投向
财务效应影响因素：多元回归分析

在前文研究中，我们已经得知：（1）当立足于上市公司管理层的角度，运用不可逆投资理论来分析募集资金投向变更行为时，我们可以发现上市公司管理层变更募集资金投向有其合理的一面，即他们是为了适应公司经营环境的变化而改变募集资金投向的，他们希望通过改变募集资金投向来改善公司业绩，提升公司股价，即预期会实现良性财务效应；（2）在市场研究法下，市场投资者对上市公司变更募集资金投向行为在整体上持向上的市场反应，即他们认为上市公司变更募集资金投向是一种利好消息，也预期会带来良性财务效应；（3）当采用差量经济增加值来表征上市公司变更募集资金投向后的实际财务效应时，我们却发现上市公司变更募集资金投向行为在整体上导致了公司业绩下降，即是说，上市公司的募集资金投向变更行为产生了恶性财务效应。

可见，不论是上市公司管理层还是市场投资者，他们都高估了上市公司变更募集资金投向的财务效应。本书认为，或许正是由于募集资金投向变更财务效应被高估才导致了我国上市公司近年来频频发生募集资金投向变更行为。为此，本书将在理论分析的基础之上，运用多元回归模型对财务效应进行回归分析，以深入探讨导致预期财务效应与实际财务效应之间产生差异的原因，预期为公司管理层、市场投资者及证券监管部门的相关决策提供经验支持。

6.1 理论分析及研究假设

6.1.1 公司经营环境方面的影响因素及研究假设

任何企业的生存与发展都不可避免地受到特定经营环境的影响。上市公司变更募集资金投向的财务效应就是其变更募集资金投向行为在特定经营环境下所形成的财务结果。本书认为，在构成经营环境的诸多因素中，宏观层面的经济环境与中观层面的行业环境对上市公司变更募集资金投向财务效应的影响最为显著。

（1）宏观经济环境。

西方财务学家研究发现，在市场经济条件下，社会经济的发展与运行具有一定的波动性，并在大体上经历着复苏、繁荣、衰退和萧条几个阶段的循环。因此，企业必须适时调整自己的经营与投资策略，只有这样才能在不同的经济循环阶段求得生存与发展，以取得较好的投资效果，比如，在经济复苏阶段应该开发新产品、增加厂房设备、增加存货；在经济繁荣阶段应该开展营销规划、扩充厂房设备、提高产品价格；在经济衰退阶段应该停止企业扩张、出售多余设备、停产不利产品和停止长期采购；在经济萧条阶段应该放弃次要利益、压缩管理费用、裁减雇员等。

我国经济的发展与运行也同样呈现着其自身特有的周期性特征，经历着从投资膨胀、生产高涨到控制投资、紧缩银根和正常发展的循环过程。因此，我国企业的一切投资行为也必须与不同经济阶段的经济环境相适应。只有这样，企业才能在市场竞争中取得较好的投资效益。另外，中国特色社会主义市场经济体制正处于逐步建立与完善之中，各领域的改革势在必行。而这些改革措施的实施也会深刻地影响我国企业的发展与运行，比如，财税体制改革会影响企业的资金结构和投资项目的选择，金融体制改革中的信贷政策改革会影响企业投资的资金来源和投资的预期收益等。由此，作者提出：

H6-1a：上市公司变更募集资金投向的实际财务效应受宏观经济环境的影响，上市公司变更募集资金投向时的宏观经济环境越好，其变更募集资金投向后的业绩也会越好，即越有可能带来良性财务效应。

随着经济环境的变化，市场投资者对企业经营行为的风险偏好也会发生相应的变化。比如，在 2008 年上半年及以前一段时期，整个资本市场兴旺、繁荣，甚至有人说"（不管）买什么（股票）都（要）赚钱"，在这种情况下，市场投资者或许不但不会将上市公司的募集资金投向变更行为看作负面影响因素，甚至还会认为是一种"题材"。由此，作者提出：

H6-1b：上市公司变更募集资金投向时的宏观经济环境越好，其公告变更募集资金投向时股票价格异常上涨的可能性也越大，即市场投资者越有可能预期该募资投向变更行为会带来良性财务效应。

（2）中观行业环境。

行业环境决定了企业的利润空间，从而决定了企业的投资效果。对于传统行业来讲，由于这类行业存在于市的时间较长，参与同业市场竞争的企业数量又众多，产品的科技含量也普遍相对不高，进入行业的门槛相对较低，因此，激烈的市场竞争必然导致这类行业中的单位资本获利能力普遍偏低，难以为企业带来超额利润，难以实现股东财富最大化的财务管理目标。因此，出于对超额利润的追求，上市公司管理层必将对公司进行多元化经营，并以成长性看好的非相关产业作为多元化投资的方向（Wrigley，1970）。农业属于典型的传统行业。沈晓明（2002）通过对我国 59 家与农业产业化经营相关的农业上市公司的跟踪分析，发现仅有 50% 左右的农业上市公司的主营业务利润比例达到了 80%，并且还呈现出逐年降低的趋势。吴方卫等（2003）运用自由现金流量模型对我国部分农业上市公司的经营自由现金流量的相关指标进行计量与分析后发现，我国农业上市公司的整体经营状况不容乐观。而邹彩芬和许家林（2007）的研究则进一步发现我国资本市场对农业上市公司变更募集资金投向行为持正面的市场反应，农业上市公司在变更募集资金投向后也在短期内改善了上市公司的经营绩效。管凯等（2009）以我国不同行业的 1 070 家上市公司作为研究样本，对其绩效的外部影响因素进行了分析，他们分析发现在我国目前的经济发展水平以及市场环境条件下，上市公司所属的行业对其盈利水平具有显著影响。基于实证结果，他们认为选择一个具有更高盈利潜力的行业对我国上市公司取得好的业绩具有十分重要的影响。由此，作者提出：

H6-2a：上市公司变更募集资金投向的实际财务效应受其所属行业类别的影响，当传统行业上市公司变更募集资金投向时，公司业绩会上升，即带来良性财务效应。

同样地，市场投资者作为公司的所有者，他们出于对自身利益的考虑也会希望传统行业上市公司管理层能够适时地调整投资决策，将资金投向具有更高盈利能力的新兴行业，以便为他们创造更多的财富。由此，作者提出：

H6-2b：当传统行业的上市公司变更募集资金投向时，其公告变更募集资金投向时股票价格异常上涨的可能性更大，即市场投资者更有可能预期该募资投向变更行为会带来良性财务效应。

6.1.2　公司自身特征方面的影响因素及研究假设

公司自身特征是影响上市公司变更募集资金投向财务效应的微观因素，也是国内外学者在研究公司业绩影响因素时探讨最多的方面。借鉴已有文献的研究方法，并考虑到募集资金投向变更行为的实际情况，作者将从公司基本特征、公司治理特征和公司财务特征三个方面来对募集资金投向变更财务效应的微观影响因素进行分析。

（1）公司基本特征。

①公司规模。

根据信息不对称理论（asymmetric information theory）的观点，当一方对某事物拥有的信息比另一方对该事物拥有的信息多时，信息双方之间就会形成信息不对称。当双方利益发生冲突时，拥有较多信息的一方

（称为信息优势方）往往会为了牟取自身私利而使另一方（称为信息劣势方）的利益受到损害。一般情况下，公司规模越小，公司信息不对称的程度越高，公司经营决策中产生代理成本的概率越大。McLaughin 等（1998）在解释权益再融资（seasoned equity offerings，SEO）后上市公司业绩下降的原因时发现，如果用公司规模和市净率来衡量上市公司的信息不对称程度，那么规模小、市净率高的上市公司比规模大、市净率低的上市公司信息不对称程度更严重，其权益再融资后业绩下降得更快。由此，作者提出：

H6-3a：上市公司变更募集资金投向的实际财务效应受公司规模大小的影响，上市公司规模越大，发生代理成本的概率越小，其变更募集资金投向后的业绩会越好，即越有可能带来良性财务效应。

同样地，市场投资者对规模较大公司的信任度强于对规模较小公司的信任度。相较于规模较小的公司，市场投资者更有可能将规模较大公司的募集资金投向变更行为看作一种应对市场环境变化作出的决策，而不是败德行为。由此，作者提出：

H6-3b：变更募集资金投向的上市公司规模越大，其公告变更募集资金投向时股票价格异常上涨的可能性也越大，即市场投资者越有可能预期该募资投向变更行为会带来良性财务效应。

②公司在市时间。

上市公司的在市时间长短在一定程度上代表了上市公司的内部控制制度建设水平。一般情况下，上市公司的在市时间越长，其内部控制的各项规章制度建设会越完善，日常运营也会越规范。在此情况之下，公司内部发生代理成本的可能性会越小。另外，上市公司管理层在进行各项经营决策时也更加富有经验。由此，作者提出：

H6-4a：上市公司变更募集资金投向的实际财务效应受公司在市时间长短的影响，上市公司在市时间越长，其变更募集资金投向后的业绩会越好，即越有可能带来良性财务效应。

H6-4b：变更募集资金投向的上市公司在市时间越长，其公告变更募集资金投向时股票价格异常上涨的可能性会越大，即市场投资者越有可能预期该募资投向变更行为会带来良性财务效应。

③公司所处生命周期阶段。

世界上任何事物的发展都存在着生命周期，企业作为一个有生命力的有机体也不例外。在不同的生命周期阶段，企业有着不同的生产经营与投资特征。就投资行为来讲，当企业处于初创期和成长期时，由于产品新颖，利润空间大，因此企业应该专注于既有产品的生产；当企业进入成熟期和衰退期后，由于市场竞争加剧，利润空间缩小，加之替代品有可能已经出现，因此，企业应该减少在既有产品上的投资，甚至应该将资金转投到新产品的开发上去。可见，企业若要在市场竞争中立于不败之地，就必须顺应企业生命周期的变动规律，及时调整企业的投资战略。在这一逻辑思路下，上市公司的募集资金投向变更行为更有可能发生在成熟期和衰退期，而且，发生在成熟期和衰退期的募集资金投向变更行为也更有可能改善公司业绩，并受到市场投资者的认可。由此，作者提出：

H6-5a：上市公司变更募集资金投向的实际财务效应受自身所处生命周期阶段的影响，当处于成熟期和衰退期的上市公司变更募集资金投向时，上市公司业绩上升的可能性更大，即更有可能带来良性财务效应。

H6-5b：当处于成熟期和衰退期的上市公司变更募集资金投向时，其公告变更募集资金投向时股票价格异常上涨的可能性会更大，即市场投资者更有可能预期该募资投向变更行为会带来良性财务效应。

（2）公司治理特征。

①股权集中度。

在两权分离条件下，由于单个股东监督上市公司管理层所付出的代价远远大于因监督而给股东自身带来的收益，因此，他们往往会采取"搭便车"的策略。这样，监督公司管理层的重担就不可避免地落在了机构投资者等大股东的肩上。正如 Carter（1992）所指出的那样，如果机构投资者不履行监控职责，则对公司管理层的监控问题就很难解决了。由于机构投资者等大股东监督公司管理层所付出的成本与所获得的收益基本相配比，因此他们也往往会承担起监督公司管理层的责任。Shleifer 和 Vishny（1986）提出的"有效监督假定"也认为，股权的充分集中会提高公司的运行效率，从而提升公司的市场价值。我国学者杜沔和王良成（2006）在对我国1998—2000年进行过配股的119家上市公司进行实证研究后也发现，股权集中度低与投资水平低的上市公司，其配股后的公司业绩下降得越快。可见，提高公司的股权集中度，可以减少公司的代理成本，公司价值也会随着股权集中度的提高而增加（Jensen 和 Meckling，1976）。由此，作者提出：

H6-6a：上市公司变更募集资金投向的实际财务效应受公司股权集中度的影响，上市公司股权集中度越高，其变更募集资金投向后的业绩会越好，即越有可能带来良性财务效应。

H6-6b：上市公司股权集中度越高，其公告变更募集资金投向时股票价格异常上涨的可能性越大，即市场投资者越有可能预期该募资投向变更行为会带来良性财务效应。

②股权制衡度。

高度集中的股权结构虽然能够充分调动大股东监督公司管理层经营行为的积极性，但同时也会诱发大股东对中小股东利益的侵占。因为学者们现已发现，股权集中已经成为当今世界大部分公司所有权结构的主导形态（Holderness，2003），而不再是 Berle 和 Means（1932）所探讨的那种股权分散形态，因此，公司中的主要代理成本问题也就由管理者伤害股东的利益转变成了控股大股东侵占中小股东的利益（La Porta 等，1999）。那么，我们应该如何防范大股东对中小股东的利益侵占行为呢？Bennedsen 和 Wolfenzon（1999）认为应该由少数几个大股东来共同分享公司的控制权，因为在这样的股权结构安排下任何一个大股东都无法单独控制企业的决策，从而起到有效限制大股东掠夺中小股东利益的行为的作用。这种股权结构安排就是股权制衡。就我国上市公司股权结构的实际情况而言，黄渝祥等（2003）通过实证研究发现，我国上市公司目前的股权结构高度集中，第一大股东的平均持股比例为44.26%，远远高于股权制衡条件下第一大股东的最佳持股比例区间范围14%～27%。可见，我国上市公司的股权结构严重失衡。不难想象，在"一股独大"的股权结构下，我国上市公司的经营决策将更多地体现第一大股东的意志和利益。由此，作者提出：

H6-7a：上市公司变更募集资金投向的实际财务效应受公司股权制衡度的影响，上市公司大股东间股权越分散，其变更募集资金投向后的业绩会越好，即越有可能带来良性财务效应。

H6-7b：上市公司大股东之间股权越分散，其公告变更募集资金投向时股票价格异常上涨的可能性会越大，即市场投资者预期该募资投向变更行为会带来良性财务效应。

③实际控制人类别。

不同类别的大股东对上市公司业绩的影响并不完全相同。肖作平（2010）在研究上市公司终极所有权结构对公司业绩的影响时就发现，由于国有控股股东经常会以小股东的利益为代价来追求自身的政治目标，因而当上市公司的终极控股股东是国有控股公司时，公司业绩会显著低于终极控股股东是民营等非国有控股公司的业绩。王坤秀（2006）也认为，由于国家股权并没有真正意义上的人格化，国家股的股权并不能完全代表国家的利益，因此，国家股权的比例与公司的价值呈现负相关关系。可见，国家股权中的复杂的委托代理关系和多目标趋向的效用函数，会使上市公司经营行为偏离公司价值最大化的常规目标，从而对上市公司的绩效产生消极影响（Shleifer 和 Vishny，1997）。由此，作者提出：

H6-8a：上市公司变更募集资金投向的实际财务效应受公司实际控制人类别的影响，当上市公司实际控制人为国有控股股东时，其变更募集资金投向后的业绩会更差，即更有可能带来恶性财务效应。

H6-8b：当上市公司实际控制人为国有控股股东时，其公告变更募集资金投向时股票价格异常下跌的可能性会更大，即市场投资者预期该募资投向变更行为会带来恶性财务效应。

④公司管理层薪酬水平。

促使上市公司管理层努力工作的方法除了对其进行行为监督外，另一个有效方法就是对其进行报酬激励。Jensen 和 Meckling（1976）、Holmstrom（1979）、Gibbons 和 Murphy（1985）的研究结论都认为应该向公司高层管理者提供与本公司权益相关的薪酬方案以促使其经营行为与股东利益保持一致。杜兴强和王丽华（2007）对我国上市公司薪酬与业绩之间的相关性进行检验后发现，上市公司的净资产收益率及总资产收益率与公司管理层的薪酬正相关。由此，作者提出：

H6-9a：上市公司变更募集资金投向的实际财务效应受公司管理层薪酬水平的影响，上市公司管理层的薪酬水平越高，其变更募集资金投向后的业绩会越好，即越有可能带来良性财务效应。

H6-9b：上市公司管理层的薪酬水平越高，其公告变更募集资金投向时股票价格异常上涨的可能性会越大，即市场投资者预期该募资投向变更行为会带来良性财务效应。

⑤公司管理层薪酬支付方式。

不但上市公司管理层获取薪酬的金额大小会影响其工作的努力程度，而且获取薪酬的方式也会影响到其工作的努力程度。Jensen和Murphy（1990）的研究表明，CEO报酬的水平与如何支付CEO的报酬相比，是一个不太重要的问题，最佳的CEO业绩激励是让CEO持有公司的股份。Mehran（1995）在检查了随机选择的1979—1980年间制造业行业中的153家公司的薪酬结构后发现，公司管理层薪酬的支付形式而非其水平更能激励其增加公司的价值。程仲鸣和夏银桂（2008）在对2001—2006年宣告实施股权激励的国有上市公司的股权激励效果进行检验后发现，对国有上市公司的经理人实行股权激励能够提高公司的价值，受地方政府控制的上市公司，股权激励更能明显增加公司价值。可见，股票期权作为一种高度权变、长期激励的合约可以有效激励上市公司管理层提高工作的努力程度，并作出更好的投资决策，从而改善公司绩效。由此，作者提出：

H6-10a：上市公司变更募集资金投向的实际财务效应受公司管理层薪酬支付方式的影响，上市公司管理层的薪酬中股权激励比例越大，其变更募集资金投向后的业绩会越好，即越有可能带来良性财务效应。

H6-10b：上市公司管理层的薪酬中股权激励比例越大，其公告变更募集资金投向时股票价格异常上涨的可能性会越大，即市场投资者预期该募资投向变更行为会带来良性财务效应。

⑥独立董事比例。

由于内部董事担心自己的职务和薪酬会受到影响，因此他们很少会对 CEO 的决策提出异议（Weisbach，1988）。而独立董事由于不直接受制于控股股东和公司管理层，因而独立董事能够更加有效地监督公司管理者（Fama 和 Jensen，1983）。一些关于董事会内部构成的经验证据也支持了这一分析结论。Byrd 和 Hickman（1992）的经验证据表明，当上市公司经营决策是由独立董事占优势比例的董事会作出时，上市公司将在收购公告日前后获得巨大的超常竞价收益。Rosenstein 和 Wyatt（1990）也发现，当公司发布任命外部董事的公告消息时，公司的股票价格将会出现异常上涨。可见，独立董事是上市公司管理层败德行为和逆向选择的有力遏制因素。我国证券监督管理委员会也于 2001 年开始在基金公司和上市公司内部大力推行独立董事制度，并一直实行至今。由此，作者提出：

H6-11a：上市公司变更募集资金投向的实际财务效应受公司独立董事比例的影响，上市公司董事会中独立董事所占比例越大，其变更募集资金投向后的业绩会越好，即越有可能带来良性财务效应。

H6-11b：上市公司董事会中独立董事所占比例越大，其公告变更募集资金投向时股票价格异常上涨的可能性会越大，即市场投资者预期该募资投向变更行为会带来良性财务效应。

（3）公司财务特征。

①资本结构。

资本结构是指企业所有资金来源中长期负债与股东权益之间的比例关系。资本结构同样能够在一定程度上影响公司的经营业绩。这种影响具体表现在以下两个方面：一是资本结构决定了公司所使用的资本成本大小。通常情况下，债务资金的成本低于权益资金的成本，因此，当公司的长期负债比例较高时，其综合资本成本相对较低，公司业绩也会随之相应上升；反之，当公司的长期负债比例较低时，其综合资本成本就会相对偏高，公司业绩也会随之而相应下降。二是资本结构会在一定程度上影响公司治理的有效性，并进而影响公司的经营效率和业绩。Aghion 和 Bolton（1992）就认为，公司融资结构的选择实质上就是公司控制权如何在不同证券持有人之间进行分配的选择，有什么样的公司融资结构就会有什么样的公司治理机制，因此，合理确定公司的融资结构是决定公司治理有效性的重要基础。Williamson（1988）更是指出，与其说股本和债务是融资工具，不如说是控制与治理结构。Hart（1995）也认为，给予经营者以控制权或激励并不是太重要，重要的问题是如何设计出合理的公司融资结构，以限制经营者牺牲投资者的利益来追求个人私利的能力。可见，公司融资结构并不仅仅是一个融资契约的选择问题，更是隐藏在资金背后的产权主体之间相互依存、相互作用、共同构成的某种制衡机制配置问题。合理的公司融资结构，能够形成有效的制衡机制来约束代理人的败德行为和逆向选择。由此，作者提出：

H6-12a：上市公司变更募集资金投向的实际财务效应受公司资本结构的影响，上市公司的长期负债比例越高，其变更募集资金投向后的业绩会越好，即越有可能带来良性财务效应。

H6-12b：上市公司的长期负债比例越高，其公告变更募集资金投向时股票价格异常上涨的可能性会越大，即市场投资者预期该募资投向变更行为会带来良性财务效应。

②现金持有量。

现金持有量对公司业绩具有双重影响。当上市公司持有足够数量的现金时，其资产流动性会加强，从而增加公司经营中的弹性，对公司业绩产生正面的影响。但是，当上市公司持有的现金数量过多，超过其正常需求水平时，就会对公司业绩产生负面影响。首先，在上市公司的所有资产中，现金的盈利性最差，几乎没有盈利能力（即使收取银行存款利息，其利息数额也微乎其微，不足考虑），因此，过多的现金持有量必然导致公司业绩相对下滑；其次，过多的现金持有量还会加剧上市公司管理层过度投资、随意性支出、在职消费等道德风险行为。Pan（2005）通过对日本140家在1986—1990年间持有高额现金的企业的研究发现，在随后的5年中，与非高额现金持有企业相比，持有高额现金的企业的现金持有量对自身业绩的影响是负面的。Harford（1999）的实证研究表明，现金富余的公司进行并购时支付的并购价格过高，而且与其他并购公司相比，它们实施并购后的业绩更差。作者在前文中已经述及我国非金融保险行业上市公司1991—2008年间的平均现金持有量为15.09%，远远高于美国的8.10%和英国的9.90%。如果仅以变更过募集资金投向的上市公司作为考察对象，则平均现金持有量更高，达到17.71%。而且，这些高额现金与代理成本之间存在内在相关关系，即高额现金将产生代理成本（王茂超、干胜道，2011）。由此，作者提出：

H6-13a：上市公司变更募集资金投向的实际财务效应受公司现金持有量的影响，上市公司持有的现金数额越多，其变更募集资金投向后的业绩会越差，即越有可能带来恶性财务效应。

H6-13b：上市公司持有的现金数额越多，其公告变更募集资金投向时股票价格异常下跌的可能性会越大，即市场投资者预期该募资投向变更行为会带来恶性财务效应。

③变更募集资金投向前的业绩水平。

杨全文和薛清梅（2009）通过构建多元线性回归模型，分析了我国上市公司募集资金投向变更与经营业绩之间的关系，其研究结果表明上市前后公司经营业绩下降幅度越大，越会引起募集资金投向变更。可见，较差的经营业绩是诱发上市公司变更募集资金投向行为的原因之一。同时，变更募集资金投向前较差的经营业绩也为上市公司通过变更募集资金投向来改善业绩现状储备了较大的利润空间。这些上市公司的管理层预期通过新的投资项目来改善公司当前较差的业绩现状。由此，作者提出：

H6-14a：上市公司变更募集资金投向的实际财务效应受公司变更募集资金投向前的业绩水平的影响，上市公司变更募集资金投向前的业绩水平越差，其变更募集资金投向后的业绩将越好，即越有可能带来良性财务效应。

H6-14b：上市公司变更募集资金投向前的业绩水平越差，其公告变更募集资金投向时股票价格异常上涨的可能性会越大，即市场投资者预期该募资投向变更行为会带来良性财务效应。

6.1.3 募资投向变更行为特征方面的影响因素及研究假设

（1）被变更投向资金的到账时间。

现金既是公司所有资产中流动性最强的一种资产，同时也是公司所有资产中盈利性最差的一种资产，所以，当募集资金因各种原因而被长期闲置于公司账户时，公司资产的整体盈利能力必然会受到负面影响，从而不利于实现企业价值最大化目标。可见，如果上市公司管理层将长期闲置的募集资金用于投资（尽管改变了募集资金的原定投资方向），则会相应提高公司业绩，并向市场投资者传递出公司管理层希望在公司经营方面有所作为的积极信号，这种投资决策也必将赢得股东的认同与支持。由此，作者提出：

H6-15a：上市公司变更募集资金投向的实际财务效应受被变更投向资金到账时间长短的影响，被变更投向的募集资金到账时间越长，其变更募集资金投向后的业绩将越好，即越有可能带来良性财务效应。

H6-15b：上市公司变更投向的募集资金到账时间越长，其公告变更募集资金投向时股票价格异常上涨的可能性会越大，即市场投资者预期该募资投向变更行为会带来良性财务效应。

（2）被变更投向资金金额。

如果上市公司大金额地变更募集资金投向，则很有可能因公司管理层经营能力有限而不能有效运营该笔资金，从而导致公司业绩下降。同时，上市公司大金额地变更募集资金投向也会引起股东对该公司管理层决策能力的怀疑（至少会认为公司管理层决策太随意，经营不慎重），甚至还会使股东认为上市公司管理层变更募集资金投向原本就只是一种欺骗股东的行为表象，"构建帝国（empire-building）"等才是其变更募集资金投向的真实目的所在，即属于恶意变更（刘勤等，2002）。由此，作者提出：

H6-16a：上市公司变更募集资金投向的实际财务效应受被变更投向资金金额大小的影响，被变更投向的募集资金金额越大，其变更募集资金投向后的业绩会越差，即越有可能带来恶性财务效应。

H6-16b：被变更投向的募集资金金额越大，上市公司公告变更募集资金投向时股票价格异常下跌的可能性会越大，即市场投资者预期该募资投向变更行为会带来恶性财务效应。

（3）累积变更频率。

经常变更募集资金投向的企业，表明其经营不稳定，或者缺乏战略规划，或者过于追逐市场投资热点。这样的企业，其中期业绩和长期业绩表现通常不佳，即使取得较佳的短期业绩，也是在承受巨大风险的情况下取得的。同时，这样的募集资金投向变更行为也会向市场投资者传递一种负面的信号。因为根据信号传递理论，不但募资投向变更的公告内容具有信息含量，而且募资投向变更的行为本身也同样具有信息含量。随着募资投向变更公告次数的增多，公告行为本身将比公告内容更具信息价值。由于市场环境存在客观上的不确定性，因此，当某上市公司进行首次募资投向变更时，股东往往会更多地将其理解为这是公司管理层应对市场环境变化而作出的投资决策调整，属于善意变更（刘勤等，2002），有利于增加公司价值，从而持"用手投票"的态度，股价则随之上涨；但如果该公司经常变更募资投向，则在这种情况下再发布募资投向变更公告，股东将会更多地怀疑该公司管理层的决策能力，甚至认为这是公司管理层谋取私利的外在表现，其恶意变更的倾向更明显（刘勤等，2002），从而作出"用脚投票"的决策，随之而来的就是该公司股价下跌。由此，作者提出：

H6-17a：上市公司变更募集资金投向的实际财务效应受公司变更募集资金投向行为的累积频率的影响，上市公司变更募集资金投向的频率越高，其变更募集资金投向后的业绩越差，即越有可能带来恶性财务效应。

H6-17b：上市公司变更募集资金投向的频率越高，其公告变更募集资金投向时股票价格异常下跌的可能性会越大，即市场投资者预期该募资投向变更行为会带来恶性财务效应。

（4）是否属于关联方交易。

由于关联方交易是关联方之间转移资源、劳务或义务的一种行为，因此，在市场不完全有效的情况下，关联方交易中就很可能存在着非公平的交易行为，而隐藏在非公平关联方交易背后的就是关联方之间的"利润转移"或"利益输送"。事实上，我国上市公司更有可能从事这种非公平的关联方交易。由此，作者提出：

H6-18a：上市公司变更募集资金投向的实际财务效应受公司新投资项目交易方式的影响，如果被变更投向的募集资金是用于关联方交易，其变更募集资金投向后的业绩会更差，即更有可能带来恶性财务效应。

H6-18b：被变更投向的募集资金如果是用于关联方交易，则上市公司公告变更募集资金投向时股票价格异常下跌的可能性会越大，即市场投资者预期该募资投向变更行为更有可能带来恶性财务效应。

6.2　研究设计

6.2.1　变量定义

（1）因变量定义。

①募集资金投向变更实际财务效应影响因素的因变量定义。

以差量经济增加值作为检验上市公司变更募集资金投向后实际财务效应影响因素所用回归模型中的因变量。

②市场投资者预期财务效应影响因素的因变量定义。

以上市公司公告变更募集资金投向当天（即公告日）的超常收益率作为检验市场投资者预期财务效应影响因素所用回归模型中的因变量。但由于Logistic回归模型要求因变量必须为二分类变量，因此，当公告日超常收益率为正时，作者将其取值为1；否则将其取值为0。

（2）自变量定义。

本书对各影响因素的表征变量（即自变量）的具体设计情况见表6-1。

表6-1　　　募集资金投向变更财务效应的影响因素表征变量

影响因素	自变量	变量代码	变量取值	预期符号
宏观经济环境	国内生产总值增长速度	Grgdp	国家统计局公布的统计数据	+
行业环境	行业类别	Indtry	当公司属于传统行业[a]时，取值为1；否则为0	+
公司规模	公司规模	Size	=ln（用百万元表示的年末总资产）	+
公司在市时间	在市时间	Zatime	=ln（公告时间距离上市时间的月份数差）	+

续表

影响因素	自变量	变量代码	变量取值	预期符号
公司所处生命周期阶段	生命周期	Life	公告时间距离上市时间超过72个月（即6年），取值为1；否则为0[②]	+
股权集中度	股权集中度	Owncon	=第一大股东持股数÷公司总股数	+
股权制衡度	股权制衡度	Balance	当第2~5位大股东持股数之和大于等于第一大股东持股数时，取值为1；否则为0	+
实际控制人类别	实际控制人类别	Shanat	上市公司实际控制人为国有控股股东时，取值为1；否则取值为0	−
公司管理层薪酬水平	公司管理层薪酬水平	Paylev	=ln（用万元表示的公司管理层薪酬总额[③]）	+
公司管理层薪酬支付方式	公司管理层薪酬支付方式	Payway	=用万元表示的以期末市价计量的公司管理层所持股权价值÷用万元表示的公司管理层薪酬总额	+
独立董事比例	独立董事比例	Indir	=董事会中独立董事人数÷董事会总人数	+
资本结构	资产负债率[④]	Capstr	=年末负债总额÷年末资产总额	+
现金持有量	现金持有量	Cash	=年末货币资金÷年末资产总额	−
变更前业绩水平	变更募集资金投向前的业绩水平	Berper	=变更前一年的经济增加值	−
被变更投向资金的到账时间	变更时间	Bitime	=ln（公告时间距离募集资金到账时间的月份数差）	+
被变更投向资金金额	变更比例	Ratio	=被变更投向的资金金额÷当次募集资金净额	−
累积变更频率	变更频率	Freque	属于首次变更募集资金投向时，取值为0；否则为1	−
是否属于关联方交易	关联方交易	Transa	被变更投向的资金用于关联方交易时，取值为1；否则为0	−

注：①将按照中国证券监督管理委员会发布的《上市公司行业分类指引》确定的信息技术业和医药制造业归入新兴行业；除此之外的其他行业归入传统行业。

②生命周期理论认为，在四阶段划分法下，企业在每一生命周期阶段所经历的时间长度至少为 3 年。因此，进入成熟期和衰退期的上市公司应该是在市时间至少为 6 年以上的上市公司。

③尽管可能存在上市公司管理层所持有的部分股权并非来自公司薪酬的情况，但是笔者认为，不同来源渠道的股权都会起到与薪酬一样的激励作用，因此，此处的"公司管理层薪酬总额"包括了所有的现金薪酬以及所持股权按年末收盘价计算的市场价值。

④从理论上讲，应该采用公司的长期负债除以股东权益后的比率来表示公司的资本结构，但由于我国上市公司在短期债务到期后通常采用债务展期或归还债务后重新获得等方式来将短期债务变为实质上的长期债务使用，因此，笔者采用资产负债率来表示公司的资本结构。事实上，在理论研究中，我国学者也更多地采用了这一指标来表示上市公司的资本结构。

6.2.2 回归模型设计

（1）募集资金投向变更实际财务效应影响因素回归模型设计。

作者建立如下多元线性回归模型来分析我国上市公司变更募集资金投向实际财务效应的影响因素：

$$\Delta EVA = \alpha_0 + \alpha_1 \times Grgdp + \alpha_2 \times Indtry + \alpha_3 \times Size + \alpha_4 \times Zatime + \alpha_5 \times Life + \alpha_6 \times Owncon + \alpha_7 \times Balance + \alpha_8 \times Shanat + \alpha_9 \times Paylev + \alpha_{10} \times Payway + \alpha_{11} \times Indir + \alpha_{12} \times Capstr + \alpha_{13} \times Cash + \alpha_{14} \times Berper + \alpha_{15} \times Bitime + \alpha_{16} \times Ratio + \alpha_{17} \times Freque + \alpha_{18} \times Transa + \varepsilon$$

式中：α_0 为常数项；α_k 为各个自变量的回归系数（k=1，2，…，18）；ε 为残差项。

（2）市场投资者预期财务效应影响因素回归模型设计。

由于股价更容易受到市场基本面的影响，因此，作者将只从股价变化的方向（即上涨或下跌）而非股价变化的幅度（即超常收益率）来分析市场投资者预期财务效应的影响因素，因此，作者建立如下 Logistic 回归模型：

$$LogitP = \ln\left(\frac{p_i}{1-p_i}\right) = \beta_0 + \beta_1 \times Grgdp + \beta_2 \times Indtry + \beta_3 \times Size + \beta_4 \times Zatime + \beta_5 \times Life + \beta_6 \times Owncon + \beta_7 \times Balance + \beta_8 \times Shanat + \beta_9 \times Paylev + \beta_{10} \times Payway + \beta_{11} \times Indir + \beta_{12} \times Capstr + \beta_{13} \times Cash + \beta_{14} \times Berper + \beta_{15} \times Bitime + \beta_{16} \times Ratio + \beta_{17} \times Freque + \beta_{18} \times Transa$$

式中：p 为样本在公告日的超常收益率为正的概率；β_0 为待估常数

项；β_k为各个自变量的待估回归系数（k=1，2，…，18）。

6.2.3 样本选择、数据来源及所用软件

（1）样本选择。

上市公司变更募集资金投向财务效应影响因素回归分析所用样本以投资者市场反应研究及差量经济增加值检验所用样本的共同样本为其样本的基础来源，同时，删除回归分析时所定义的各影响因素的表征变量数据存在缺失的样本。

经过筛选，作者共得到645个符合条件的回归样本。这些样本在各年度和各行业间的分布情况见表6-2和表6-3。

表6-2　　　　　　**上市公司变更募集资金投向财务效应**

影响因素回归样本分年度分布情况

年　度	1997	1998	1999	2000	2001	2002	2003
样本数（个）	2	14	24	34	65	60	41
年　度	2004	2005	2006	2007	2008	2009	2010
样本数（个）	37	33	23	30	28	17	26
年　度	2011	2012	2013	2014	2015	2016	总计数
样本数（个）	38	34	26	37	37	39	645

资料来源：作者整理。

表6-3　　　　　　**上市公司变更募集资金投向财务效应**

影响因素回归样本分行业分布情况

行业代码	A	B	C	D	E	F
样本数（个）	16	25	380	19	20	49
行业代码	G	H	I	K	L	M
样本数（个）	13	3	47	28	11	6
行业代码	N	P	Q	R	S	总计数
样本数（个）	7	1	6	12	2	645

资料来源：作者整理。

注：A——农、林、牧、渔业；B——采矿业；C——制造业；D——电力、热力、燃气及水生产和供应业；E——建筑业；F——批发和零售业；G——交通运输、仓储和邮政业；H——住宿和餐饮业；I——信息传输、软件和信息技术服务业；K——房地产业；L——租赁和商务服务业；M——科学研究和技术服务业；N——水利、环境和公共设施管理业；P——教育；Q——卫生和社会工作；R——文化、体育和娱乐业；S——综合。

表6-2和表6-3表明，无论是从年度分布情况来看，还是从行业分布情况来看，本书用于回归分析的研究样本的分布范围都很广泛。这在一定程度上保证了研究结论的一般性。

需要说明的是，由于Logistic回归模型必须用实际数据回代的结果来检验其预测效果，因此，笔者将经过筛选后的645个样本随机地划分为个数比为"3∶2"的两组：一组称为预测样本（共387个，其中超常收益率为正的样本有122个，超常收益率为负的样本有265个），用来估计Logistic回归模型；另一组称为确认样本（共258个，其中超常收益率为正的样本有161个，超常收益率为负的样本有97个），用来回代确认所估计模型的预测效果。

（2）数据来源及所用软件。

财务效应影响因素回归分析中的数据来源及所用软件均与前面的实证研究相同；整理与分析数据时所用软件依然是Stata15和Excel 2010。

6.3 回归结果及其分析

6.3.1 实际财务效应影响因素回归结果及其分析

（1）变量描述性统计分析。

在进行回归分析之前，笔者首先对多元线性回归模型中的虚拟变量和连续变量分别进行了描述性统计分析（分别见表6-4和表6-5）。

表6-4　　多元线性回归模型中虚拟变量的描述性统计结果

变量	样本总数	取值为1的样本数	比例	F统计量	P值
Indtry	645	327	50.70%	0.208	1.000
Life	645	138	21.40%	10.171	0.002
Balance	645	130	20.16%	0.118	0.732
Shanat	645	392	60.78%	2.429	0.124
Freque	645	270	41.86%	0.111	0.895
Transa	645	305	47.29%	1.273	0.286

注：本表中的"F统计量"是指以差量经济增加值作为观测变量，以各虚拟变量作为控制变量所进行的单因素方差分析统计量值。

表6-4的样本比例数据表明：①绝大多数样本公司都处于非成熟与衰退期（处于成熟与衰退期的样本公司仅占21.40%）；②样本公司的股权都高度集中（处于制衡状态的样本公司仅占20.16%）；③新兴行业样本公司与传统行业样本公司的样本比例相差不大（各占样本公司总数的50%左右）；④国有控股股东控制的样本公司占比相对较大，达到60.78%（当然，这可能与我国绝大多数上市公司均由原国有企业改制而来有关）；⑤虽然非首次变更募集资金投向的样本公司和涉及关联方交易的样本公司占比均没有达到样本公司总数的一半（占比分别为41.86%和47.29%），但相对于人们对这类交易行为的非偏好性来讲，占比还是比较大，值得引起关注。

表6-4的F统计量及P值数据表明：上市公司所处生命周期阶段对其变更募集资金投向财务效应产生了显著影响（在1%的水平上统计显著），而其余虚拟变量在单因素方差分析中却并未表现出统计上的显著性。

表6-5　　　多元线性回归模型中连续变量的描述性统计结果

变量	样本数	最小值	最大值	均值	中值	标准差
Owncon	645	0.0827	0.8792	0.4374	0.4522	0.1562
Bitime	645	0.3652	4.5039	3.3193	3.3314	0.6725
Ratio	645	0.0000	1.0000	0.3975	0.3647	0.3153
Zatime	645	1.7641	6.2781	2.9735	3.3058	0.6749
Grgdp	645	0.0523	0.1230	0.0865	0.0923	0.0075
Berper	645	−0.3271	0.2644	0.0045	0.0037	0.0532
Cash	645	0.0133	0.4162	0.2714	0.2851	0.1023
Size	645	4.8136	8.9547	6.9871	7.0531	0.5967
Indir	645	0.0000	0.5963	0.3028	0.3033	0.1325
Paylev	645	2.4150	10.8765	6.0322	5.9537	1.5833
Payway	645	0.0000	0.9391	0.3253	0.2915	0.3372
Capstr	645	0.0076	0.9098	0.3604	0.4633	0.1677

表6-5显示：①回归样本公司的股权集中度较高，第一大股东持股数占公司总股数的比例平均值为43.74%；②回归样本公司变更募集资金投向决策相对比较谨慎，被变更投向的募集资金到账时间平均接近两年（被变更投向的募集资金到账月份数=e3.3193≈22）；③回归样本公司近40%比例的募集资金被变更了原定项目投向；④回归样本公司在公告变更募集资金投向时距离其上市时间平均接近两年（公司在市时间=e2.9735≈20）；⑤回归样本公司在变更募集资金投向前的业绩表现较差，平均经济增加值只有0.45%；⑥回归样本公司的现金持有量非常高，平均每100元资产中就有27.14元的资产是以货币资金的形式持有的；⑦回归样本公司普遍偏好于股权融资，平均资产负债率仅为36.04%。

（2）回归系数分析。

已有研究（Bendel和Afifi，1977；Mickey和Greenland，1989）表明，如果在多元回归分析中使用常规水平（比如，α=0.05）作为自变量的筛选标准，则很有可能导致遗漏某些重要的自变量，因为有些自变量在进行简单分析时可能显示出与因变量之间的弱相关性，但在进行多元回归分析时就会表现为显著相关。有鉴于此，为了保证研究结果的可靠性，作者以逐步筛选（stepwise）作为自变量的筛选策略，并分别以不同的筛选标准对回归模型进行回归分析。回归结果见表6-6。

表6-6的回归结果显示，"标准5"相对最适合于作为自变量的筛选标准，因为：①在这一筛选标准之下，进入回归模型的自变量都至少在10%的统计水平上与因变量线性相关，且自变量个数较多；②回归方程的显著性很强，因变量与自变量全体之间的线性关系在1%的统计水平上显著；③自变量之间不存在严重的多重共线性问题（方差膨胀因子VIF最大值为2.511，远远小于公认的当存在严重多重共线性问题时的VIF临界值"10"）；④方程的拟合优度相对较高（虽然不及"标准6"和"标准7"的拟合优度，但也相差很小）。

根据回归结果及以上分析，作者得到如下最终回归方程：

$$\Delta EVA = -0.302 + 0.019 \times Size - 0.045 \times Life + 0.037 \times Shanat + 0.029 \times Paylev + 0.074 \times Payway + 0.081 \times Capstr - 0.105 \times Cash + 0.031 \times Bitime - 0.022 \times Freque$$

表6-6　多元线性回归模型回归结果

变量代码	标准1	标准2	标准3	标准4	标准5	标准6	标准7
常数项	-0.232*** (0.000)	-0.226*** (0.000)	-0.251*** (0.000)	-0.302*** (0.000)	-0.302*** (0.000)	-0.256* (0.061)	-0.292** (0.043)
Grgdp						-1.415 (0.257)	-1.463 (0.209)
Indtry							
Size				0.015 (0.135)	0.019* (0.085)	0.020* (0.082)	0.021* (0.081)
Zatime							
Life		-0.041** (0.023)	-0.043 (0.135)	-0.045** (0.020)	-0.045*** (0.020)	-0.044** (0.038)	-0.042** (0.036)
Owncon							
Balance							
Shanat	0.042* (0.025)	0.042*** (0.008)	0.044*** (0.007)	0.039* (0.095)	0.037** (0.045)	0.030* (0.085)	0.029* (0.088)

续表

变量代码	标准 1	标准 2	标准 3	标准 4	标准 5	标准 6	标准 7
Paylev	0.016*** (0.000)	0.033*** (0.000)	0.022*** (0.000)	0.021*** (0.000)	0.029*** (0.000)	0.030*** (0.000)	0.023*** (0.000)
Payway		0.066** (0.046)	0.065** (0.040)	0.070** (0.031)	0.074** (0.018)	0.087** (0.023)	0.132** (0.031)
Indir							
Capstr				0.083** (0.031)	0.081*** (0.000)	0.086* (0.055)	0.085** (0.038)
Cash				-0.106* (0.076)	-0.105* (0.086)	-0.110* (0.082)	-0.120 (0.113)
Berper							
Bitime	0.051** (0.041)	0.031*** (0.006)	0.031*** (0.006)	0.032*** (0.007)	0.031*** (0.007)	0.034*** (0.003)	0.033*** (0.002)
Ratio							0.071 (0.416)

续表

变量代码		标准 1	标准 2	标准 3	标准 4	标准 5	标准 6	标准 7
Freque			-0.019^{*}	-0.019^{*}	-0.022^{**}	-0.022^{**}	-0.021^{*}	-0.034
			(0.082)	(0.075)	(0.045)	(0.046)	(0.056)	(0.139)
Transa								
调整 R^2		0.121	0.156	0.164	0.188	0.189	0.191	0.190
F 统计量		5.812^{***}	4.609^{***}	4.731^{***}	4.243^{***}	4.345^{***}	3.672^{***}	3.531^{***}
		(0.001)	(0.000)	(0.000)	(0.000)	(0.000)	(0.000)	(0.000)
最大 VIF 值		1.171	2.327	2.245	2.511	2.511	3.665	3.682

注：①
标准 1：分别以 0.05 和 0.10 作为自变量进入和剔除出回归方程的标准；
标准 2：分别以 0.10 和 0.15 作为自变量进入和剔除出回归方程的标准；
标准 3：分别以 0.15 和 0.20 作为自变量进入和剔除出回归方程的标准；
标准 4：分别以 0.20 和 0.25 作为自变量进入和剔除出回归方程的标准；
标准 5：分别以 0.25 和 0.30 作为自变量进入和剔除出回归方程的标准；
标准 6：分别以 0.30 和 0.35 作为自变量进入和剔除出回归方程的标准；
标准 7：分别以 0.35 和 0.40 作为自变量进入和剔除出回归方程的标准。
②括号内为显著性检验的 P 值。
③*** 、** 、* 分别表示在 1%、5%、10% 水平上统计显著。

上述回归方程表明，由于宏观经济环境（Grgdp）、行业环境（Indtry）、公司在市时间（Zatime）、股权集中度（Owncon）、股权制衡度（Balance）、独立董事比例（Indir）、变更前业绩水平（Berper）、被变更投向资金金额（Ratio）、是否属于关联方交易（Transa）这些影响因素的表征变量未能进入最终回归模型，从而无法验证相应的研究假设，即作者提出的"H6-1a""H6-2a""H6-4a""H6-6a""H6-7a""H6-11a""H6-14a""H6-16a""H6-18a"均不能从作者的经验数据中得到验证。

同时，上述回归方程也表明，公司规模（Size）、公司所处生命周期阶段（Life）、实际控制人类别（Shanat）、公司管理层薪酬水平（Paylev）、公司管理层薪酬支付方式（Payway）、资本结构（Capstr）、现金持有量（Cash）、被变更投向资金的到账时间（Bitime）及累积变更频率（Freque）是影响上市公司变更募集资金投向实际财务效应的重要因素，但影响方向与作者提出的相关研究假设不完全一致。具体分析如下：

公司规模（Size）：系数为0.019（在10%的水平上统计显著），即是说，公司规模与差量经济增加值显著正相关，规模越大的公司其变更募集资金投向后越有可能产生良性财务效应。实证结果支持了作者提出的"H6-3a"。

公司所处生命周期阶段（Life）：系数为-0.045（在5%的水平上统计显著），即是说，进入成熟期和衰退期的上市公司其变更募集资金投向行为更有可能降低公司业绩，即产生恶性财务效应。实证结果与作者提出的"H6-5a"截然相反。作者分析认为，这可能与不同生命周期阶段的管理层经营能力强弱有关。一般来讲，处于初创期和成长期的企业，其管理层经营能力较强，对市场的反应比较敏感，更有可能抓住市场机会；处于成熟期和衰退期的企业，其管理层经营能力相对要弱，对市场的反应相对滞后，其抓住的往往是"过期"的所谓市场机会，因而并不能提升公司业绩。

实际控制人类别（Shanat）：系数为0.037（在5%的水平上统计显著），即是说，由国有控股股东控制的上市公司其变更募集资金投向行为更有可能提升公司业绩，即产生良性财务效应。实证结果与作者提出的"H6-8a"截然相反。作者分析认为，这可能与由不同控股股东控制的上市公司产生的融资效应不同有关。国有控股股东控制的上市公司，由于其绝大多数由原国有企业改制而来。在改制过程中，那些冗余资产和冗余人员都留在了集团控股公司，因此，当改制企业获得上市资格后，它们必将以所募集的资金来回报集团控股公司，即上市公司资金被集团控股公司所占用。这些被占用的资金不但不能为上市公司带来效益，反而还增加了上市公司的资产总额。这必然导致上市公司变更募集资金投向前的业绩相对更差，也会使上市公司在变更募集资金投向后会相对更容易地提升公司业绩，即差量经济增加值更有可能为正。而由非国有控股股东控制的上市公司，由于其没有历史负担，经营活动相对平衡，因此，这些由非国有控股股东控制的上市公司通过变更募集资金投向来改善公司业绩的难度相对较大，即差量经济增加值更有可能为负。

公司管理层薪酬水平（Paylev）：系数为0.029（在1%的水平上统计显著），即是说，公司管理层薪酬水平与差量经济增加值显著正相关，公司管理层的薪酬水平越高，其变更募集资金投向后越有可能产生良性财务效应。实证结果支持了作者提出的"H6-9a"。

公司管理层薪酬支付方式（Payway）：系数为0.074（在5%的水平上统计显著），即是说，上市公司管理层的薪酬中股权激励比例越大，其变更募集资金投向后的业绩会越好，即越有可能带来良性财务效应。实证结果支持了作者提出的"H6-10a"。

资本结构（Capstr）：系数为0.081（在1%的水平上统计显著），即是说，上市公司的资产负债率越高，其变更募集资金投向后的业绩会越好，即越有可能产生良性财务效应。实证结果支持了作者提出的"H6-12a"。

现金持有量（Cash）：系数为-0.105（在10%的水平上统计显著），即是说，现金持有量越多的上市公司其变更募集资金投向后的业绩会越差，即越有可能产生恶性财务效应。实证结果支持了作者提出的"H6-13a"。

被变更投向资金的到账时间（Bitime）：系数为0.031（在1%的水平上统计显著），即是说，被变更投向的募集资金到账时间越长，其变更募集资金投向后的业绩会相对越好，即越有可能带来良性财务效应。实证结果支持了作者提出的"H6-15a"。

累积变更频率（Freque）：系数为-0.022（在5%的水平上统计显著），即是说，上市公司变更募集资金投向的频率越高，其变更募集资金投向后的业绩会越差，即越有可能带来恶性财务效应。实证结果支持了作者提出的"H6-17a"。

6.3.2 市场投资者预期财务效应影响因素回归结果及其分析

（1）多元共线性检验

由于Logistic回归与多元线性回归一样，都对多元共线性很敏感，因此，作者在拟合Logistic模型之前也运用Stata15统计软件对各自变量之间的多元共线性进行了检验。检验结果见表6-7。

表6-7　　　　　各自变量之间的多元共线性检验结果

自变量	Indtry	Owncon	Balance	Freque	Bitime	Ratio
VIF值	1.853	2.276	1.685	1.704	2.703	3.541
自变量	Transa	Zatime	Life	Grgdp	Berper	Cash
VIF值	2.302	3.112	2.081	2.646	1.664	1.904
自变量	Size	Shanat	Indir	Paylev	Payway	Capstr
VIF值	1.903	1.352	2.775	4.330	3.041	1.527

从表6-7可以看出，各自变量之间不存在严重的多元共线性问题，因为方差膨胀因子VIF的最大值为4.330，小于公认的当存在严重多元共线性问题时的VIF临界值"10"。

（2）回归系数分析

在确认各自变量之间不存在多元共线性后，笔者采用逐步向前法（forward：LR）对Logistic模型进行了拟合，并且规定拟合过程中候选自变量进入模型和保留在模型中的显著性水平都是α=0.10（之所以选择这一标准，是因为当显著性水平大于这一数值时，筛选结果中出现了不显著的自变量）。

回归结果显示，最终所得模型能够很好地拟合数据（hosmer-lemeshow的概率值为P=0.816），并且与零假设模型相比，模型中自变量对因变量有显著的解释能力（model chi-square的概率值为P=0.002）。进入最终回归模型的自变量具体情况见表6-8。

表6-8　　　　　　　　　**Logistic回归系数及检验**

自变量	B	S.E.	Wald	df	Sig.	Exp（B）
Grgdp	38.236	20.212	4.415	1	0.021**	4.033E+16
Indtry	0.778	0.405	4.534	1	0.033**	2.177
Capstr	−2.533	1.379	3.102	1	0.079*	0.079
Bitime	0.891	0.465	4.031	1	0.048**	2.438
Ratio	−2.205	1.169	3.104	1	0.081*	0.110
Freque	−0.715	0.652	4.310	1	0.035**	0.489
Constant	−0.637	0.304	4.502	1	0.040**	0.529

注：***、**、*分别表示在1%、5%、10%水平上统计显著。

根据表6-8，作者得到回归估计的如下最终Logistic模型：

$$LogitP = \ln\left(\frac{p_i}{1-p_i}\right) = -0.637 + 38.236 \times Grgdp + 0.778 \times Indtry - 2.533 \times Capstr + 0.891 \times Bitime - 2.205 \times Ratio - 0.715 \times Freque$$

上述回归模型表明，公司规模（Size）、公司在市时间（Zatime）、公司所处生命周期阶段（Life）、股权集中度（Owncon）、股权制衡度（Balance）、实际控制人类别（Shanat）、公司管理层薪酬水平（Paylev）、公司管理层薪酬支付方式（Payway）、独立董事比例（Indir）、现金持有量（Cash）、变更前业绩水平（Berper）、是否属于关联方交易（Transa）等十二个可能影响因素的表征变量未能进入最终回归模型，因而作者提出的"H6-3b""H6-4b""H6-5b""H6-6b""H6-7b""H6-8b""H6-9b""H6-10b""H6-11b""H6-13b""H6-14b""H6-18b"均无法得到验证。

同时，上述回归模型也表明，宏观经济环境（Grgdp）、行业环境（Indtry）、资本结构（Capstr）、被变更投向资金的到账时间（Bitime）、被变更投向资金金额（Ratio）、累积变更频率（Freque）等六个可能影响因素确实对市场投资者的预期财务效应有显著影响，而且除了资本结构（Capstr）的回归系数符号与作者提出的研究假设预期符号不一致外，其余五个因素的回归系数符号与作者提出的研究假设预期符号完全一致，由此，作者认为前面提出的"H6-1b""H6-2b""H6-15b""H6-16b""H6-17b"均得到了实证结果的验证，而"H6-12b"却未能得到实证结果的验证。对于"H6-12b"未能得到验证的原因，作者分析认为，这可能是由市场投资者的风险厌恶所致，他们或许认为上市公司较高的财务杠杆（表现为较高的资产负债率）会增加公司风险，从而不利于实现股东财富最大化。

为了检验模型的预测准确性，作者将确认样本代入估计出的Logistic回归模型，分别计算了每个确认样本在公告日的超常收益率为正的概率，并且以0.5作为概率界限来确定预测分类：当预测概率值大于等于0.5时，判断该募资投向变更公告会导致正的超常收益率；否则会导致负的超常收益率。确认样本的预测分类结果见表6-9。

表6-9　　　　基于Logistic回归模型的确认样本分类结果

观测值		预测值		分组正判率（%）
		0	1	
计数	0	59	38	60.82
	1	33	128	79.50
总正判率（%）				72.48

注："0"表示公告日超常收益率为负；

"1"表示公告日超常收益率为正。

表6-9的预测分类结果显示，模型的总正判率为72.48%，没有达到预测模型通常应该达到的基本准确率（75%）。作者分析认为，这可能是因为一些影响公告日股价变化的重要因素没有被纳入模型中，比如股东的投资偏好等。

6.3.3　基于影响因素回归结果的财务效应差异原因分析

这里的"财务效应差异"是指市场投资者预期的财务效应与上市公司变更募集资金投向后的实际财务效应之间的差异。通过投资者市场反应检验，我们已经得知，市场投资者在整体上预期募集资金投向变更行为会带来良性财务效应，而差量经济增加值统计结果却表明上市公司变更募集资金投向后实际上导致了整体上的恶性财务效应。可见，市场投资者预期的财务效应与实际财务效应在方向上截然相反。诚然，对未来事项进行预测本来就充满了极大的不确定性，谁也不能保证预测结果与实际结果能够完全一致。就我国上市公司变更募集资金投向行为而言，学术界、新闻媒体给予了长期的持续批判，政府部门也不断加强相应监管力度，各项规章制度陆续出台。可以说，社会舆论环境和政策监管环境都不利于上市公司变更募集资金投向。那么，我国市场投资者为何还要对上市公司的募集资金投向变更行为充满信心、抱着乐观态度呢？

通过财务效应影响因素回归分析结果，本书发现，影响我国上市公司变更募集资金投向后实际财务效应的因素分布很广，各方面影响因素没有明显偏重，而影响市场投资者预期财务效应的因素则主要偏重于环境因素和募集资金投向变更自身特征因素两个方面。除了资本结构外，公司特征方面的因素均未对市场投资者的预期财务效应产生显著影响。而实践经验告诉我们，公司价值（包括某一特定投资项目的价值）的创造主要依赖于公司自身特征，而非外部环境。可见，我国市场投资者对投资热点的过于追逐以及对投资项目真实价值理性分析的缺失是造成他们高估上市公司变更募集资金投向财务效应的重要原因之一。

作者进一步推断，我国上市公司管理层之所以在强大的社会舆论和全方位的政策规范下仍然频频变更募集资金投向，一个重要原因就是他们熟知只要新投资项目题材好（自己有无能力从事该投资项目并不重要），外部经济环境宽松，变更募集资金投向就会得到市场投资者的积极追捧，即募资变更行为存在一定程度上的"卖方市场"。

由此，本书认为，要消除市场投资者预期财务效应与上市公司变更募集资金投向实际财务效应之间的差异，促使市场投资者投资行为回归理性的重要措施就是培育市场投资者的价值投资理念，引导他们注重对公司特征的分析而不是对市场热点的追逐和对经营环境的随波逐流。

第7章 研究结论与相关建议

7.1 研究结论

在我国，上市公司随意变更募集资金投向行为由来已久。上市公司这一市场行为与我国资本市场相伴而生，并于 1997 年成为一种普遍的市场现象。这已引起我国学术界、新闻媒体及政府监管部门的高度关注。但是，强大的社会舆论和全方位的政策规范并未对我国上市公司随意变更募集资金投向行为起到长期有效的抑制作用，资本市场上仍然频频发生上市公司随意变更募集资金投向的案例，尤其在 2016 年以来表现得尤为明显。

那么，上市公司变更募集资金投向行为是否确实有其广泛的市场需求或者合理的经济利益呢？为此，本书分别立足于与募集资金最直接相关的公司管理层和市场投资者这两个利益相关者的角度，分析了他们对募集资金投向变更行为的预期财务效应。为了能够有效评价上市公司管理层和市场投资者预期的财务效应是否合理，本书还计算了以差量经济增加值为表征指标的上市公司变更募集资金投向后的实际财务效应，并以此作为评判标准。研究结果表明：

（1）上市公司管理层预期通过变更募集资金投向能够改善公司业绩、提升公司股价，即预期会实现良性财务效应。诚然，上市公司变更募集资金投向是一种失信行为，违背了上市公司融资时对股东的庄重承诺，但是我们也应该清楚地认识到上市公司是一个独立的社会经济组织，它有义务也有权力根据变化了的经营环境适时变更原定投资项目的投资计划。因此，当我们立足于上市公司管理层角度时，就会发现他们作出变更募集资金投向决策有其合理的一面。

（2）从整体上讲，市场投资者对上市公司变更募集资金投向行为持向上的市场反应，即他们预期上市公司变更募集资金投向会带来良性财务效应。代理成本理论是学术界分析两权分离条件下现代企业利益冲突的主要财务理论。在这一理论框架下，基于投资者与上市公司管理层之间的委托代理关系，本书运用代理成本理论进行分析，认为我国市场投资者应该对上市公司的募集资金投向变更行为持向下的市场反应，即应该预期募集资金投向变更行为会带来恶性财务效应。然而，来自我国资本市场的经验证据却表明，从整体上讲，市场投资者对上市公司变更募集资金投向行为持向上的市场反应，即预期会带来良性财务效应。

（3）从整体上讲，我国上市公司变更募集资金投向行为导致了以差量经济增加值为表征指标的公司业绩的下降，即实际上产生了恶性财务效应。经济增加值是两权分离条件下最能激励代理人努力工作的业绩评价指标之一。这早已被西方成熟资本市场所验证。2009年12月28日，国务院国有资产监督管理委员会发布了《中央企业负责人经营业绩考核暂行办法》，首次明确规定将经济增加值指标作为考核中央企业负责人年度经营业绩的基本指标之一，并一直被沿用至今。可见，经济增加值指标在我国企业业绩评价中的运用已经达到前所未有的高度。考虑到部分数据不易获取，本书对我国国资委设计的经济增加值指标进行了局部调整，以调整后的计算公式来计量我国上市公司变更募集资金投向前后的经济增加值，并以两者之差（即差量经济增加值）来表征募集资金投向变更所产生的财务效应。实证中的经验证据表明，从整体上讲，我国上市公司变更募集资金投向行为实际上导致了公司业绩的下降，即产生了恶性财务效应。

（4）市场投资者的投机动机是造成我国上市公司频频变更募集资金投向的重要原因。本书对我国上市公司变更募集资金投向财务效应（包括预期财务效应和实际财务效应）的实证检验结果表明，市场投资者存在高估募集资金投向变更财务效应的普遍倾向。通过进一步的影响因素回归分析，本书发现，我国市场投资者往往只注重对环境因素及募资变更行为表象的肤浅判断，而缺乏对公司素质（比如，治理结构、盈利能力）的深入分析。市场投资者的这种投机动机常常被公司管理层所利用，从而造成了我国资本市场频频发生募资变更行为这一独特市场现象。

由此可见，我国上市公司频频变更募集资金投向并非其真正能够增加企业价值和股东财富，即带来良性财务效应，而是因为募资投向变更行为受到了市场投资者的错误追捧所致。因此，若要有效治理我国上市公司随意变更募集资金投向行为，则必须从培养市场投资者的价值投资理念入手，并配以完善的规章制度对上市公司的募资投向变更行为予以适度规范，方能取得较好的治理效果。

7.2 相关建议

基于实证结论，本书提出如下建议，以期能够有助于相关各方作出正确的决策。

7.2.1 公司管理层经营行为建议

尽管上市公司管理层可以通过合法的募资投向变更程序来名正言顺地变更募集资金投向，但本书的实证结果表明，高频率、快速度、大比例的募集资金投向变更行为不但引起了公告日的负面市场反应（股价下跌），而且导致了以差量经济增加值为表征指标的公司业绩的下降。可见，上市公司管理层不宜高频率、大比例地变更募集资金投向；也应该避免在募集资金刚刚到位后就即刻改变其投资方向。当然，如果是公司经营环境确实发生了客观上的不可控变化而不得不变更募集资金投向，则上市公司管理层应该及时与股东进行充分的信息沟通，以降低募集资金投向变更行为对公司产生的负面影响，并通过新项目的成功运营来树立本公司的正面市场形象。

7.2.2　市场投资者投资决策建议

市场投资者是与上市公司募集资金最直接相关的利益相关者，募集资金投资效益的高低直接关系到其财富的增减变动。因此，当上市公司变更募集资金投向时，市场投资者除了应该根据当前的宏观经济环境、公司所处行业状况及募资变更行为自身特征（比如，频率高低、速度快慢、金额大小）等外在表象来对新项目的可能效益作出大致判断外，更应该通过对拟变更募资投向公司的内在素质分析来对新项目的可能效益作出尽可能详尽的分析。比如，上市公司的现金持有量，适度持有现金能够增加公司经营中的弹性，有助于保证公司持续正常运营；超额持有现金则会增加公司经营中的道德风险和逆向选择。本书的多元线性回归结果也表明，现金持有量与上市公司变更募集资金投向后的业绩变化（差量经济增加值）负相关。可见，市场投资者在对上市公司变更募集资金投向行为的价值进行评判时应该关注公司的现金持有量，对于那些持有高额现金，尤其是在持有高额现金的同时又大举增配募股资金或惜于派发红利的上市公司则要特别谨慎，因为这类上市公司的行动告诉我们，它们很可能是在囤积自由现金流量。

7.2.3　证券监管部门政策建议

（1）持续确认投资项目可行性

经营环境发生变化导致原定投资项目不再具备可行性是上市公司管理层变更募集资金投向的主要理由。客观上，由于我国上市公司发行新股审批时间较长，也确实容易导致原定投资项目不再具备可行性。为此，本书建议出台相关文件要求拟上市公司或拟募资公司必须持续跟踪原定投资项目的可行性，并在上市过会（或获批）之前对所申请项目的可行性进行再次确认。对于不再具备投资可行性的项目要进行重新申请，以尽可能地保护广大投资者的利益。

（2）优化募股项目资金来源结构

综观我国上市公司发布的招（配）股说明书，我们可以发现，募股资金是上市公司拟投项目的唯一资金来源。这一畸形资金来源结构将导致上市公司拟投项目缺乏外部监督，不利于提高投资项目的效益。同时，在我国资本市场股权融资成本偏低的现实情况下，还会促发我国上市公司项目规划中的随意性甚至恶意"圈钱"行为。为此，本书建议出台相关文件，要求上市公司在招（配）股说明书中披露投资项目所需资金必须同时来源于权益资金和负债资金，并给出最低的"负债权益比"。这样，既可以充分利用来自债权人的监督力量加强对上市公司管理层的监督，同时也可综合上市公司的融资成本，相对提高权益融资成本，在一定程度上抑制上市公司规划项目中的随意性。

（3）建立股票发行的橱架发行机制

我国现行的股票发行机制是一次申报核准且一次足额发行。因此，许多上市公司因一时难以消化巨额募股资金而造成大量资金闲置。这不但会摊薄以净资产收益率表征的盈利能力指标值，还会诱发上市公司管理层滥用资金的潜在风险。因此，本书建议在股票发行中引入橱架发行机制，即在上市公司发行股票时，允许其一次申报核准但可以一次或者多次发行股票。在这一发行机制下，上市公司将"按需融资"，能够更加有效地保护投资者利益。在我国资本市场实践中，《公司债券发行与交易管理办法》已经明确债券发行公司"可以申请一次核准，分期发行"。本书认为，随着我国企业债券发行中橱架发行机制的逐步完善与成熟，股票发行中也必然引入这一发行方式。届时，我国上市公司资金闲置现象和随意变更募集资金投向行为都将得到一定程度的有效治理。

（4）建立市场声誉机制

在成熟的资本市场中，上市公司非常重视自己的声誉，因为在重复博弈交易关系下，上市公司的声誉越好，其市场价值就会越高（Kreps，1990），而且，如果上市公司在市场交易中缺乏诚信，它将会受到证券监管部门的公开谴责，从而付出高昂的失信成本。从我国上市公司变更募集资金投向现象来看，我国上市公司普遍不重视自身的市场声誉，它们常常高频率、大比例地变更募集资金投向。由此，本书建议在我国资本市场中逐步建立起约束上市公司违规违法行为的市场声誉机制。就上市公司变更募集资金投向行为而言，要明确规定上市公司必须在募集资金投向变更公告中披露本公司历年来变更募集资金投向的累计次数、累计金额以及历次募资投向变更对本公司业绩的影响等相关信息，甚至还可将历次募资投向变更的情况作为上市公司再融资的资格审核项目之一。

（5）规范社会中介机构行为

社会中介机构是依法设立并运用自身专门知识和技能为委托人提供中介服务的机构，比如会计师事务所、证券发行代理商等。在市场经济条件下，社会中介机构在政府、企事业单位和个人之间起着重要的信息平衡作用，成为当今社会信用体系的重要组成部分之一。然而，综观我国上市公司变更募集资金投向行为，我们可以发现，相关社会中介机构在上市公司募集资金过程中并未真正起到平衡信息的作用。比如，天药股份（600488）在2001年10月17日的募资投向变更公告中宣称，由于从项目的运行中发现，废料回收工艺并不完全成熟，回收成本较高，部分回收品的质量不能达到公司生产原料质量标准，因此公司拟改变天津市经济委员会原批准的新建化工原料回收车间技改项目。这一经过可行性论证并获得上级部门层层批准的投资项目就以"工艺并不完全成熟"如此简单的理由在资金到位后遭到了否决。难道出具项目可行性报告的社会中介机构在上市公司融资前就没有发现这一问题？是其能力有限还是存在道德风险？无论哪一种原因都说明需要对我国社会中介机构的行为进行规范，防范其与上市公司通同作弊，出具"可编项目报告"或"可批项目报告"行为的发生。

参考文献

[1] 曹春方，周大伟，王元芳. 晋升压力、资源配置与地方国企募资变更 [J]. 审计与经济研究，2015 (1)：93-104.

[2] 陈文斌，陈小悦. 大股东代理问题与IPO募集资金的使用 [J]. 南开管理评论，2005 (3)：4-8.

[3] 陈文斌，陈超. 新股上市后盈利能力下滑及募集资金使用分析 [J]. 管理科学学报，2007 (4)：49-55.

[4] 程承坪. 论企业家人力资本与企业绩效关系 [J]. 中国软科学，2001 (7)：67-71.

[5] 程仲鸣，夏银桂. 制度变迁、国家控股与股权激励 [J]. 南开管理评论，2008 (4)：89-96.

[6] 池明举. 上市公司募集资金变更公告的市场反应及其影响因素分析 [D]. 广州：暨南大学硕士学位论文，2006.

[7] 崔丽萍，肖彦. 整体上市财务效应研究 [J]. 中国管理信息化，2009 (11)：47-49.

[8] 丁忠明，黄华继，文忠桥，等. 我国上市公司资本结构与融资偏好问题研究 [M]. 北京：中国金融出版社，2006.

[9] 董屹. 中国上市公司募资变更行为研究 [D]. 成都：西南财经大学博士学位论文，2006.

参考文献

[10] 董屹，成蕾. 募资投向变更的监管失效研究 [J]. 当代财经，2007 (9)：80-83.

[11] 杜沔，王良成. 我国上市公司配股前后业绩变化及其影响因素的实证研究 [J]. 管理世界，2006 (3)：114-121.

[12] 杜兴强，王丽华. 高层管理当局薪酬与上市公司业绩的相关性实证研究 [J]. 会计研究，2007 (1)：58-65.

[13] 海，英瑞斯. 产业经济学与组织 [M]. 北京：经济科学出版社，2001.

[14] 范晓玲，张洪军. 我国上市公司变更募集资金投向实证研究 [J]. 新疆社会科学，2008 (4)：14-18.

[15] 冯巧根. 企业并购中的财务效应与风险 [J]. 福建财会，1999 (9)：37-38.

[16] 干胜道. 所有者财务：一个全新的领域 [J]. 会计研究，1995 (6)：17-19.

[17] 干胜道. 所有者财务论：对一个新财务范畴的探索 [M]. 成都：西南财经大学出版社，1998.

[18] 干胜道. 企业过度投资的原因与对策分析 [J]. 会计之友，2008 (5)：44-45.

[19] 干胜道，胡建平. 自由现金流量理论发展和应用的三大难题 [J]. 四川大学学报：哲学社会科学版，2009 (6)：61-65.

[20] 干胜道，黄本多. "猎食者"与我国上市公司资本结构优化 [J]. 会计师，2009 (1)：6-8.

[21] 干胜道. 自由现金流量专题研究 [M]. 大连：东北财经大学出版社，2009.

[22] 干胜道，林敏. 论股票回购影响企业价值的路径 [J]. 财经科学，2010 (1)：71-75.

[23] 高利. 透视更改募资投向现象 [J]. 证券市场导报，2001 (2)：19-22.

[24] 管静. EVA：我国企业业绩评价指标的合理选择 [J]. 商场现代化，2007 (10)：90-91.

[25] 管凯，邱昊，张英. 影响企业绩效的外部因素分析 [J]. 统计与决策，2009 (22)：181-183.

[26] 郭俊平. 我国上市公司募集资金投向变更研究 [D]. 北京：北京交通大学硕士研究生学位论文，2006.

[27] 郭昱，顾海英. 首发募集资金投向变更的影响因素研究 [J]. 统计与决策，2008 (11)：128-130.

[28] 黄本尧. 上市公司关联方交易监管问题研究 [R]. 深圳证券交易所研究报

告，2003.

[29]　黄少安，张岗. 中国上市公司股权融资偏好分析 [J]. 经济研究，2001，
　　　（11）：12-20.

[30]　黄渝祥，孙艳，邵颖红，等. 股权制衡与公司治理研究 [J]. 同济大学学
　　　报，2003（9）：1102-1105.

[31]　贺颖奇，张海燕，卢文莹. 蓝筹股上市公司募集资金投向变更及后果研究
　　　[N]. 中国证券报，2011-09-30（A09）.

[32]　贾梅英. 新债务重组准则的负面财务效应 [J]. 合作经济与科技，2009
　　　（1）：82-83.

[33]　姜革非. 上市公司国有股减持方案的财务效应分析 [J]. 林业财务与会计，
　　　2005（4）：41-42.

[34]　姜锡明，刘西友. 募集资金变更项目投资效果分析 [J]. 财会通讯，2008
　　　（1）：108-110.

[35]　金晓斌，陈代云，路颖，等. 公司特质、市场激励与上市公司多元化经营
　　　[J]. 经济研究，2002（9）：67-73.

[36]　汉克尔，李凡特. 现金流量与证券分析 [M]. 张凯，刘英，等，译. 北
　　　京：华夏出版社，2001.

[37]　李春涛，孔笑徽. 经理层整体教育水平与上市公司经营绩效的实证研究
　　　[J]. 南开经济研究，2005（1）：8-15.

[38]　李虎. 我国上市公司募集资金投向的多元化与变更 [J]. 经济科学，2005
　　　（1）：66-76.

[39]　李寿喜. 产权、代理成本和代理效率 [J]. 经济研究，2007（1）：102-
　　　113.

[40]　李心福. 股权重组的财务效应研究 [J]. 经济与管理研究，2007（6）：
　　　64-69.

[41]　李雪莲. 上市公司更改募集资金投向问题研究 [C]. 第二届中国金融学年
　　　会资料，2005（10）.

[42]　梁斌，王茂超. 企业合并准则之中外比较 [J]. 财会月刊，2009（11）：
　　　55-56.

[43]　林长泉，张跃进，李殿富. 我国国有企业及上市公司的利润操纵行为分析
　　　[J]. 管理世界，2000（3）：88-95.

[44]　林乐芬. 中国上市公司股权集中度研究 [M]. 北京：经济管理出版社，
　　　2005.

[45]　刘爱东，罗敏. 谨慎性原则的财务效应分析 [J]. 统计与决策，2006
　　　（1）：133-134.

[46] 刘斌，段特奇，周轶强. 我国上市公司募集资金变更投向的市场反应研究
[J]. 当代财经，2006 (10)：53-56.

[47] 刘勤，陆满平，寻晓青，等. 变更募集资金投向及其监管研究 [J]. 证券
市场导报，2002 (1)：35-40.

[48] 刘少波，戴文慧. 我国上市公司募集资金投向变更研究 [J]. 经济研究，
2004 (5)：88-97.

[49] 刘志杰，姚海鑫. 上市公司变更募集资金投向的动机及监管博弈分析 [J].
财经问题研究，2009 (1)：49-56.

[50] 刘志军. 投资银行声誉与上市公司IPO募资变更行为 [J]. 兰州商学院学
报，2009 (1)：85-89.

[51] 刘芍佳，从树海. 创值论及其对企业绩效的评估 [J]. 经济研究，2002
(7)：3-13.

[52] 刘芍佳，孙霈，刘乃全. 终极产权论、股权结构及公司绩效 [J]. 经济研
究，2003 (4)：51-62.

[53] 陆正飞，魏涛. 配股后业绩下降：盈余管理后果与真实业绩滑坡 [J]. 会
计研究，2006 (8)：52-59.

[54] 彭韶兵，邢精平. 企业财务危机论 [M]. 北京：清华大学出版社，2005.

[55] 彭桃英，周伟. 中国上市公司高额现金持有动因研究——代理理论抑或权
衡理论 [J]. 会计研究，2006 (5)：42-49.

[56] 平新乔，范瑛，郝朝艳. 中国国有企业代理成本的实证分析 [J]. 经济研
究，2003 (11)：42-53.

[57] 邵军，宋彦，杨青双. EVA——企业业绩评价的新理念 [J]. 商业研究，
2004 (8)：28-29.

[58] 沈晓明. 论农业产业化政策的市场性目标与公益性目标的冲突 [J]. 农业
经济问题，2002 (5)：18-22.

[59] 沈艺峰，况学文，聂亚娟. 终极控股股东超额控制与现金持有量价值的实
证研究 [J]. 南开管理评论，2008 (1)：15-23.

[60] 沈艺峰，沈洪涛. 公司财务理论主流 [M]. 大连：东北财经大学出版社，
2004.

[61] 宋献中. 论企业并购的财务效应 [J]. 会计之友，2000 (10)：20-21.

[62] 唐清泉. 公司治理与资金使用效率 [M]. 北京：中国财政经济出版社，
2007.

[63] 万解秋，徐锦荣，贝政新. 企业价值提升与财务管理 [M]. 上海：复旦大
学出版社，2005.

[64] 王成秋. 企业投资效率 [M]. 北京：经济科学出版社，2007.

[65] 王春，祝锡萍. 上市公司以股抵债的财务效应分析 [J]. 财会月刊，2005 (7)：46-48.

[66] 王端. 现代宏观经济学中的投资理论及其最新发展 [J]. 经济研究，2000 (12)：54-65.

[67] 王海滋. 不可逆投资理论对传统投资决策原则的挑战 [J]. 求索，2007 (1)：21-23.

[68] 王洪春，任晓雁. 频繁变更募资投向的背后 [N]. 中国证券报，2001-09-18.

[69] 王坤秀. 大股东控制下的公司治理与代理成本研究 [M]. 北京：知识出版社，2006.

[70] 王茂超，干胜道. 高额现金代理成本效应及其影响因素实证研究 [J]. 财会通讯，2011 (10)：44-45.

[71] 王茂超，干胜道. 上市公司变更募集资金投向的市场反应影响因素——基于 Logistic 模型的回归分析 [J]. 求索，2011 (1)：16-18.

[72] 王茂超，干胜道. 上市公司募资变更公告财富效应的实证研究 [J]. 现代管理科学，2009 (6)：57-59.

[73] 王茂超，干胜道. 我国上市公司增发新股前的盈余管理实证研究 [J]. 现代管理科学，2009 (11)：78-80.

[74] 王茂超，干胜道. 自由现金流量中国化改造与应用初探 [J]. 会计之友，2009 (6)：10-11.

[75] 王茂超. "自由现金流量"计量方法初探 [J]. 江苏科技信息，2009 (3)：17-18.

[76] 王茂超. 基于资本市场股权融资视角的盈余管理文献综述 [J]. 江苏科技信息，2009 (9)：63-65.

[77] 王茂超. 募集资金投向变更的财务效应研究 [D]. 成都：四川大学，2011.

[78] 王向阳，甘剑莹，徐鸿. 上市公司变更募集资金投向问题的再认识 [J]. 华中科技大学学报，2002 (1)：69-72.

[79] 王晓亮，俞静. 定向增发、股权结构与募集资金投向变更研究 [J]. 统计与决策，2015 (4)：185-188.

[80] 王静卿. 公司治理对 IPO 募集资金投向变更影响的研究 [D]. 成都：西南财经大学，2018.

[81] 邹国梅. 集团大股东代理问题与上市公司过度投资的实证 [J]. 统计与决策，2009 (6)：135-137.

[82] 吴方卫，张锦华，刘营军. 农业上市公司的经营自由现金流量分析 [J]. 南京农业大学学报，2003 (2)：106-109.

［83］ 吴树畅．相机财务论［M］．北京：中国经济出版社，2005．

［84］ 钱德勒．看得见的手：美国企业的管理革命［M］．北京：商务印书馆，1987．

［85］ 肖作平．终极所有权结构对公司业绩的影响［J］．证券市场导报，2010（9）：12-19．

［86］ 谢华，朱丽萍．上市公司募集资本投向变更的实证研究［J］．云南财经大学学报，2010（1）：108-117．

［87］ 辛清泉，林斌，杨德明．中国资本投资回报率的估算和影响因素分析［J］．经济学（季刊），2007（7）：1143-1164．

［88］ 辛曌．多元化经营与多元化折价——企业多元化研究的新进展［J］．中国工业经济，2003（12）：72-78．

［89］ 辛曌．多元化经营与企业绩效：一个实证分析［J］．上海经济研究，2004（6）：54-60．

［90］ 徐鹿．上市公司股权结构与经济增加值研究［M］．北京：中国财政经济出版社，2006．

［91］ 严太华，廖芳丽．IPO募集资金投向变更、股权性质与公司绩效［J］．经济问题，2015（11）：35-39．

［92］ 杨全文，薛清梅．IPO募资投向变更、经营业绩变化和市场反应［J］．会计研究，2009（4）：69-77．

［93］ 杨文杰．企业并购中的财务效应研究［J］．财会研究，2009（24）：52-54．

［94］ 杨新民．对委托理财进行审计应注意的几个问题［J］．中国注册会计师，2002（5）：47-48．

［95］ 杨兴全．我国上市公司融资结构的治理效应分析［J］．会计研究，2002（8）：37-45．

［96］ 杨旭东，莫小鹏．新配股政策出台后上市公司盈余管理现象的实证研究［J］．会计研究，2006（8）：44-51．

［97］ 杨雪莱．上市公司变更募集资金投向的市场原因的实证研究［J］．武汉工业学院学报，2003（3）：84-87．

［98］ 叶若慧，黄翰林，潘晔．审计师选择、市场化程度与募集资金投向变更［J］．经济问题，2014（4）：81-87．

［99］ 易曼．对上市公司非理性股利分配和频繁变更募资投向的思考［J］．财会月刊，2003（A1）：32-33．

［100］ 俞乐．上市公司募集资金投向变更的现状与实证研究［D］．上海：上海交通大学，2007．

[101] 元建兴，王琼，黎翠梅. 制度适应、公司治理与 IPO 募集资金使用研究 [J]. 财政研究，2007（4）：74-77.

[102] 袁凤林. 对经营者股权激励的经济效果和财务效应的辩证分析 [J]. 生产力研究，2005（1）：162-163.

[103] 翟春燕，张为国. 募集资金变更与公司治理 [J]. 财政研究，2005（5）：59-61.

[104] 张宝友，达庆利，朱卫平. 跨国物流公司绩效的微观影响因素研究 [J]. 山西财经大学学报，2010（10）：103-109.

[105] 张凤. 我国上市公司现金持有量的时间与行业差异实证分析 [J]. 统计教育，2008（3）：43-46.

[106] 张功富. 企业的自由现金流量全部用于过度投资了吗 [J]. 经济与管理研究，2007（6）：11-16.

[107] 张为国，翟春燕. 上市公司变更募集资金投向动因研究 [J]. 会计研究，2005（7）：19-24.

[108] 张维迎. 法律制度的信誉基础 [J]. 经济研究，2002（1）：3-13.

[109] 张祥建，郭岚. 盈余管理与控制性大股东的"隧道行为"——来自配股公司的证据 [J]. 南开经济研究，2007（6）：76-91.

[110] 章卫东. 上市公司股权分置与股权再融资绩效 [M]. 北京：经济科学出版社，2006.

[111] 赵德武. 公司理财 [M]. 北京：高等教育出版社，2000.

[112] 赵俊美，周志远. 浅谈我国上市公司大股东占用资金问题 [J]. 集团经济研究，2007（8）：247-248.

[113] 赵涛，郑祖玄. 上市公司的过度融资 [M]. 北京：社会科学文献出版社，2005.

[114] 中国证券监督管理委员会. 上市公司行业分类指引 [S]. 2001.

[115] 周俊，薛求知. 外资并购的财务效应及其影响因素研究 [J]. 山西财经大学学报，2008（9）：107-113.

[116] 邹彩芬，许家林. 农业上市公司募集资金投向变更实证研究 [J]. 财会月刊，2007（5）：8-10.

[117] 朱琪，黄祖辉. 我国上市公司并购中控制权变更市场效应的实证研究 [J]. 中国管理科学，2004（6）：28-33.

[118] 朱武祥. 上市公司募集资金投向决策分析 [J]. 证券市场导报，2002（4）：49-53.

[119] 朱云，吴文锋，吴冲锋，等. 圈钱行为与后果——募集资金滥用与再发行长期业绩恶化 [J]. 上海交通大学学报，2007（7）：1087-1091.

[120] AGGARWAL R, A SAMWICK. Empire builders and shirkers: investment, firm performance, and managerial incentives [J]. Journal of Corporate Finance, 2006 (12): 489-515.

[121] AGHION P, BOLTON P. An incomplete contracts approach to financial contracting [J]. Review of Economics Studies, 1992 (59): 473-494.

[122] AHARONY J, WANG J, YUAN H. Related party transactions as a direct means for earnings management [H]. Working Paper, 2005.

[123] ALBUQUERUE R U I, WANG N. Agency conflicts, investment, and asset pricing [J]. The Journal of Finance, 2008 (1): 1-40.

[124] ARROW K J. Optimal capital policy with irreversible investment: In value, capital and growth [N]. Papers in honour of sir John Hicks, J.N. Wolfe (ed.) Edinburgh University Press, 1968: 1-19.

[125] BARCLAY M, HOLDERNESS C G. Private benefits from control of public corporations [J]. Journal of Financial Economics, 1989 (25).

[126] BEBCHUK, KRAAKMAN, TRIANTIS. Stock pyramids, cross-ownership, and dual class equity: The creation and agency costs of separating control from cash flow rights [H]. Working Paper, 2000.

[127] BENDEL R B, AFIFI A A. Comparison of stopping rules in forward regression [J]. Journal of the American Statistical Association, 1977, (72): 46-53.

[128] MORTEN B, DANIEL W. The balance of power in close corporations [D]. Havard University, 1999.

[129] BERGER P, OFEK E. Diversification's effect on firm value [J]. Journal of Financial Economics, 1995 (37): 39-65.

[130] BERLE A, MEANS G. The modern corporation and private property [M]. Macmillan: New York, 1932.

[131] BERTRAND M, MEHTA P, MULLAINATHAN S. Ferreting out tunneling: an application to indian business groups [J]. The Quarterly Journal of Economics, 2002 (117): 121-148.

[132] BLANCHARD O J, LOPEZ-DE-SILANES F and SHLEIFER A. What do firms do with cash windfall [J]. Journal of Financial Economics, 1994 (36): 337-360.

[133] BYRD, HICKMAN. Do outside directors monitor management [J]. Journal of Financial Economics, 1992 (32): 195-221.

[134] CHEN, HUA D, JOSEPH P H, et al. Do politicians jeopardize

professionalism? Decentralization and the structure of Chinese corporate boards [H]. HKUST Working Paper, 2002.

[135] CHEUNG, LEUNG Y, RAGHAVENDRA P, et al. Tunneling, propping and expropriation evidence from connected related party transactions in Hong Kong [H]. Working Paper, 2004.

[136] COUDERC N. Corporate cash holdings: financial determinants and consequences [H]. SSRN working papers, 2004.

[137] DE ANGELO H, DE ANGELO L. Managerial ownership of voting rights: A study of public corporation with dual classes of common stock [J]. Journal of Financial Economics, 1985 (14): 33-69.

[138] DEGRYSE H, JONG A. Investment and internal finance: asymmetric information or managerial discretion [J]. International Journal of Industrial Organization, 2006 (24): 125-147.

[139] DEMSETZ H, LEHN K. The structure of corporate ownership: causes and consequences [J]. Journal of Political Economy, 1985, 93 (6): 1155-1177.

[140] DITTMAR A, MAHRT-SMITH J, SERVAES H. International corporate governance and corporate cash holdings [J]. Journal of Financial and Quantitative Analysis, 2003, (38).

[141] DUTTA S, REICHELSTEIN S. Controlling investment decisions: Depreciation and capital charges [J]. Review of Accounting, 2002 (7): 253-281.

[142] FAMA E, JENSEN M. Separation of ownership and control [J]. Journal of Law and Economics, 1983 (26), 301-325.

[143] FREUND S, PREZAS A P, VASUDEVAN G K. Operating performance and free cash flow of asset buyers [J]. Financial Management, 2003 (32): 87-106.

[144] GUNEY, OZKAN, OZKAN. Additional international evidence on corporate cash holdings [H]. SSRN Working Papers, 2003.

[145] HARFORD J. Corporate cash reserves and acquisitions [J]. Journal of Finance, 1999 (54): 1969-1997.

[146] HARRIS, RAVIV A. Financial contracting theory [H]. Working Paper, Kellogg School, Northwestern University, 1990.

[147] HART, OLIVER, AND JOHN MOORE. Debt and seniority: An analysis of the role of hard claims in constraining management [J]. American

Economic Review，1995（85）：567-585.

[148] HAW I M，DAQING Q I，WOODY W U.Earnings management of listed firms in response to security regulations in China's emerging capital market [M]．Hong Kong：Chinese University of Hong Kong，1998.

[149] HOLDERNESS C G.A survey of block holders and corporate control [J]. Economic Policy Review，2003（4）：51-64.

[150] JAGGI B，GUL F.An analysis of joint effects of investment opportunity set，free cash flows and size on corporate debt policy [J]．Review of Quantitative Finance and Accounting.1999（12）.

[151] JENSEN M，MECKLING W.Theory of the firm：managerial behavior，agency costs，and ownership structure [J]．Journal of Financial Economics，1976（3）：305-360.

[152] JENSEN M C，MURPHY K J.CEO incentive-it's not how much you pay，but how [J]．Harvard Business Review，1990（3）：138-153.

[153] JENSEN M C，MURPHY K J.Performance pay and top management incentive [J]．Journal of Political Economy，1990（2）：225-264.

[154] JENSEN M C.Agency costs of free cash flow，corporate capital finance and takeovers [J]．The American Economic Review，1986（76）：323-339.

[155] JIAN MING，WONG T J.Tunneling and earnings management through related party transactions：Evidence from Chinese corporate groups [H]. HKUST Working Paper，2003.

[156] JOHNSON，LA PORTA R，LOPEZ-DE-SILANES F，et al.Tunneling [J]．American Economic Review，2000（90）：22-27.

[157] JORGENSON D W.Capital Theory and Investment Behavior [J]. American Economic Review，1963，（5）：247-259.

[158] KALAY，VNER A，SHIMRAT，et al.Firm value and seasoned equity issues price pressure，wealth redistribution，or negative information [J]．Journal of Financial Economics，1987（19）：109-126.

[159] KAPLANS，ZINGALES L.Do financing constraints explain why investment is correlated with cash flow [J]．Quarterly Journal of Economics.1997（112）：169-215.

[160] KEVIN J，MURPHY.Corporate Performance and Managerial Remuneration：An Empirical Analysis [J]．Journal of Accounting & Economics，1985（7）.

[161] KIM, CHANG-SOO, MAUER D C, et al.The determinants of corporate liquidity: Theory and evidence [J]. Journal of Financial and Quantitative Analysis, 1998 (33): 305-334.

[162] THOMAS K, GRANT J.Financial tunneling and the revenge of the insider system [H]. Working Paper, 2004.

[163] KREPS D. Corporate culture and economic theory [D]. Cambridge University Press, 1990.

[164] LA PORTA R, LOPEZ-DE-SILANES F, SHLEIFER A, et al. Law and finance [J]. Journal of Political Economy, 1998 (6): 1113-1155.

[165] LA PORTA, RAFAEL, LOPEZ-DE-SILANES, et al. Corporate ownership around the world [J]. Journal of Finance, 1999, 54 (2): 471-517.

[166] LAMONT O.Cash flow and investment: evidence from internal capital markets [J]. Journal of Finance, 1997 (51): 83-109.

[167] LANG L, LITZENBERGER R. Dividend announcements: Cash flow signaling vs. free cash flow hypothesis [J]. Journal of Financial Economics, 1989 (24): 181-191.

[168] LANG L, STULZ R, WALKLING R. A test of the free cash flow hypothesis: The cash of bidders returns [J]. Journal of Financial Economics, 1991 (29): 3315-3335.

[169] MANN S V, SICHERMAN N W.The agency costs of free cash flow: Acquisition activity and equity issues [J]. Journal of Business, 1991 (64): 213-227.

[170] MCDONALD, ROBERT, and SIEGEL D.The value of waiting to invest [J]. Journal of Economics, 1986 (11): 707-728.

[171] MCLAUGHIN R, SAFIEDDINE A and VASUDEVAN G K.The information content of corporate offerings of seasoned securities: an empirical analysis [J]. Financial Management (Summer), 1998 (2): 31-45.

[172] MEHRAN. Executive compensation structure, ownership and firm performance [J]. Journal of Financial Economics, 1995 (38): 163-184.

[173] MICKEY J, GREENLAND S. A study of the impact of confounder-selection criterion on effect estimation [J]. American Journal of Epidemiology, 1989 (129): 125-137.

[174] MODIGLIANI F, MILLER M. Corporate income taxes and the cost of

capital： A correction ［J］． American Economic Review，1963（6）：
433-443.

［175］ MODIGLIANI F，MILLER M.The cost of capital，corporation finance and
the theory of investment ［J］． American Economic Review，1958（3）：
261-297.

［176］ MYERS S，MAJLUF N. Corporate financing and investment decisions
when firms have information investors do not have ［J］． Journal of
Financial Economics，1984（13）：187-221.

［177］ OPLER T，et al. Corporate Cash Holdings ［J］． Journal of Applied
Corporate Finance，2001（14）：55-66.

［178］ AYDIN O，NESLIHAN ． Corporate cash holdings： An empirical
investigation of UK companies ［J］． Journal of Banking & Finance，
2004（28）：2103-2134.

［179］ PINKOWITZ L，STULZ R，WILLIAMSON R. Do firms with poor
protection of investor rights hold more cash? ［H］． Georgetown
University.SSRN.Working Paper，2004.

［180］ REICHELSTEIN S. Providing managerial incentives： Cash flow versus
accrual accounting ［J］． Journal of Accounting Research，2000（38）：
243-269.

［181］ RICHARDSON SCOTT A. Corporate Governance and the over-
investment of surplus cash ［D］． Michigan: Doctorial Dissertation，
University of Michigan，2002.

［182］ RICHARDSON S. Over-investment of free cash flow ［J］． Review of
Accounting Studies，2006（11）：159-189.

［183］ ROBERT S，PINDYCK.Irreversibility，uncertainty，and investment ［J］．
Journal of Economic Literature，1991.

［184］ ROSENSTEIN，WYATT. Outside directors，board independence，and
shareholder wealth ［J］． Journal of Financial Economics，1990（26）：
175-191.

［185］ OPREA R.Free cash flow and takeover threats： An experimental study
［H］． SSRN Working Paper，2005.

［186］ SHLEIFER A，VISHNY R W.A survey of corporate governance ［J］． The
Journal of Finance，1997（2）：737-783.

［187］ SHLEIFER A，VISHNY R.Large shareholders and corporate control ［J］．
Journal of Political Economy，1986（3）：461-488.

[188] SIMON J, RAFAEL L, SILANES L, et al. Tunneling [J]. American Economic Review, 2000 (2): 22-27.

[189] STRONG J, MEYER S. Sustaining investment, discretionary investment, and valuation: a residual funds study of the paper industry in GLENN HUBBARD, asymmetric information, corporate finance and investment [M]. Chicago: Chicago University of Chicago Press, 1990.

[190] STULZ.Managerial discretion and optimal financing policies [J]. Journal of Financial Economics, 1990 (26): 3-27.

[191] WEISBACH. Outside directors and CEO turnover [J]. Journal of Financial Economics, 1988 (20): 431-460.

[192] WILLIAMSON, OLIVER. Corporate finance and corporate governance [J]. Journal of Finance, 1988 (43): 567-591.

[193] WRIGLEY L. Divisional autonomy and diversification [D]. Boston: Doctoral Dissertation of Harvard Business School, 1970.

索引

附录　变更募集资金投向的上市公司股票代码及公告日期

（截至 2018 年 12 月 31 日）

股票代码	公告日期	股票代码	公告日期
000736	1997-11-13	600138	1998-11-04
000711	1997-11-23	600612	1998-11-10
000621	1998-02-12	600129	1998-11-11
600784	1998-02-25	600700	1998-11-15
600714	1998-03-25	600132	1998-11-16
000711	1998-03-30	600778	1998-11-16
000758	1998-04-14	600811	1998-11-16
000795	1998-06-09	600153	1998-11-19
600068	1998-10-22	600756	1998-11-19
600724	1998-11-02	000400	1998-11-30

股票代码	公告日期	股票代码	公告日期
000830	1998-12-05	000837	1999-09-03
000626	1998-12-17	600771	1999-10-10
600155	1998-12-28	000927	1999-10-21
000837	1999-03-18	600872	1999-10-28
600085	1999-03-18	600199	1999-11-02
600177	1999-03-26	600791	1999-11-03
000830	1999-04-14	000812	1999-11-04
600199	1999-04-15	600181	1999-11-09
000730	1999-05-06	000892	1999-11-18
600803	1999-05-20	000711	1999-11-24
000802	1999-05-27	600794	1999-11-25
000736	1999-05-27	600068	1999-11-25
600090	1999-06-28	000637	1999-11-28
600151	1999-06-28	600266	1999-11-29
000839	1999-07-14	000836	1999-12-08
000850	1999-07-15	000681	1999-12-09
000719	1999-07-30	000758	1999-12-10
000877	1999-08-06	600199	1999-12-15
000831	1999-08-09	000718	1999-12-29
600176	1999-08-12	000710	2000-01-13
600851	1999-08-12	000882	2000-01-14
000795	1999-08-15	000688	2000-01-17
000822	1999-08-17	600713	2000-01-25
000673	1999-08-24	600123	2000-02-25
000797	1999-08-25	000791	2000-03-01

股票代码	公告日期	股票代码	公告日期
000718	2000-03-08	000837	2000-10-10
000581	2000-03-16	600258	2000-10-10
000576	2000-03-16	000606	2000-10-19
600102	2000-03-21	000596	2000-11-03
600359	2000-04-05	000952	2000-11-16
600207	2000-04-05	000990	2000-11-22
000935	2000-04-19	600235	2000-11-23
600060	2000-04-19	600202	2000-11-24
000828	2000-05-18	600286	2000-11-24
600211	2000-05-23	600205	2000-11-24
600219	2000-05-25	600176	2000-11-25
600208	2000-05-30	600805	2000-11-26
600839	2000-05-30	000989	2000-11-27
000637	2000-06-25	600173	2000-11-27
600707	2000-06-27	600229	2000-11-29
600141	2000-06-29	000959	2000-11-29
600185	2000-07-18	600215	2000-11-29
600172	2000-08-02	600129	2000-12-01
000792	2000-08-18	000937	2000-12-15
000707	2000-08-22	600216	2000-12-22
600222	2000-09-11	600003	2000-12-24
000936	2000-09-19	600089	2000-12-28
000088	2000-09-26	000729	2000-12-30
000753	2000-09-26	000889	2001-01-14
600059	2000-09-28	600145	2001-02-13

股票代码	公告日期	股票代码	公告日期
600206	2001-02-14	600293	2001-03-28
600227	2001-02-16	600228	2001-03-29
600256	2001-02-17	000939	2001-03-31
000797	2001-02-19	000419	2001-03-31
000903	2001-02-25	000972	2001-04-06
000988	2001-02-25	600229	2001-04-07
600063	2001-02-26	600289	2001-04-12
000750	2001-03-07	000096	2001-04-13
600790	2001-03-07	600679	2001-04-13
000970	2001-03-08	600338	2001-04-13
000978	2001-03-13	000922	2001-04-19
600258	2001-03-13	000955	2001-04-19
000697	2001-03-15	000752	2001-04-21
600702	2001-03-15	000631	2001-04-23
000401	2001-03-16	600128	2001-04-25
000429	2001-03-19	000901	2001-04-26
000989	2001-03-19	600280	2001-04-26
600291	2001-03-19	600777	2001-05-08
000823	2001-03-20	600231	2001-05-10
000835	2001-03-23	600775	2001-05-10
600138	2001-03-23	000637	2001-05-11
600850	2001-03-23	000952	2001-05-14
000301	2001-03-25	000990	2001-05-14
000981	2001-03-26	600003	2001-05-14
600267	2001-03-27	000755	2001-05-15

股票代码	公告日期	股票代码	公告日期
600281	2001-05-16	600293	2001-08-09
600285	2001-05-16	600130	2001-08-10
600295	2001-05-16	600288	2001-08-13
000989	2001-05-17	600180	2001-08-14
000695	2001-05-20	600704	2001-08-16
600233	2001-05-24	000978	2001-08-20
000751	2001-05-24	600283	2001-08-20
600649	2001-05-24	600158	2001-08-27
600653	2001-05-24	000860	2001-08-29
600237	2001-05-28	000928	2001-09-03
600697	2001-05-29	600755	2001-09-06
600398	2001-05-29	600243	2001-09-06
000972	2001-06-06	000549	2001-09-07
000848	2001-06-12	600265	2001-09-16
600005	2001-06-14	600301	2001-09-21
600328	2001-06-28	600306	2001-09-24
600292	2001-07-13	000736	2001-09-28
600133	2001-07-17	000909	2001-10-08
000972	2001-07-20	600297	2001-10-09
000948	2001-07-20	600383	2001-10-12
600256	2001-07-23	600488	2001-10-12
600337	2001-07-28	600247	2001-10-14
600268	2001-08-01	000705	2001-10-15
600290	2001-08-06	600333	2001-10-19
600241	2001-08-09	000672	2001-10-21

股票代码	公告日期	股票代码	公告日期
000995	2001-10-21	600127	2001-11-30
600263	2001-10-22	600750	2001-12-10
000627	2001-10-26	600257	2001-12-11
000813	2001-10-26	000516	2001-12-15
000957	2001-10-27	000726	2001-12-20
600418	2001-10-29	000982	2001-12-26
000681	2001-10-31	000733	2001-12-27
600275	2001-10-31	600282	2001-12-27
600156	2001-11-02	000753	2001-12-30
000911	2001-11-05	000816	2001-12-31
600233	2001-11-08	600253	2002-01-06
600329	2001-11-08	600356	2002-01-07
600261	2001-11-11	600550	2002-01-17
600189	2001-11-14	600285	2002-01-23
600246	2001-11-15	600626	2002-01-28
600120	2001-11-16	000159	2002-02-05
600229	2001-11-17	600396	2002-02-05
600038	2001-11-20	000404	2002-02-06
000718	2001-11-21	600287	2002-02-06
600203	2001-11-23	600037	2002-02-06
600277	2001-11-26	000897	2002-02-21
000983	2001-11-27	000897	2002-02-22
600123	2001-11-27	600168	2002-02-22
600832	2001-11-27	600367	2002-02-22
600849	2001-11-28	600488	2002-02-22

股票代码	公告日期	股票代码	公告日期
600066	2002-02-23	000688	2002-04-09
000899	2002-02-25	600149	2002-04-09
600126	2002-02-25	600156	2002-04-09
600399	2002-03-04	000892	2002-04-11
600019	2002-03-06	000670	2002-04-11
600276	2002-03-07	600389	2002-04-12
600300	2002-03-07	600498	2002-04-12
000978	2002-03-09	600136	2002-04-14
000652	2002-03-15	000529	2002-04-15
000968	2002-03-19	000026	2002-04-16
000422	2002-03-20	000786	2002-04-18
000888	2002-03-21	600400	2002-04-18
000407	2002-03-22	600653	2002-04-18
600694	2002-03-25	000692	2002-04-21
600295	2002-03-26	600309	2002-04-21
000726	2002-03-27	600316	2002-04-22
600250	2002-03-27	000408	2002-04-25
000759	2002-03-28	000518	2002-04-25
000975	2002-03-28	600308	2002-04-25
600380	2002-04-01	600381	2002-04-26
600135	2002-04-01	000919	2002-04-26
600211	2002-04-01	000616	2002-04-27
600556	2002-04-02	000876	2002-04-28
000519	2002-04-04	000968	2002-05-10
600814	2002-04-04	600797	2002-05-10

股票代码	公告日期	股票代码	公告日期
600528	2002-05-13	600772	2002-07-22
000912	2002-05-15	600468	2002-07-25
000915	2002-05-21	600272	2002-07-26
000987	2002-05-22	600338	2002-07-26
600638	2002-05-22	600651	2002-08-01
000993	2002-05-23	600231	2002-08-03
600754	2002-05-23	600558	2002-08-07
000426	2002-05-24	000623	2002-08-08
600242	2002-05-27	000790	2002-08-12
000651	2002-05-27	000969	2002-08-12
000732	2002-05-28	000932	2002-08-13
600318	2002-05-28	600288	2002-08-14
000978	2002-05-28	000827	2002-08-15
600363	2002-05-30	600305	2002-08-20
000581	2002-06-06	600275	2002-08-22
000821	2002-06-12	600199	2002-08-25
600566	2002-06-20	600792	2002-08-29
600380	2002-06-24	600500	2002-09-02
600252	2002-06-25	600331	2002-09-10
600539	2002-06-28	600303	2002-09-12
000616	2002-07-06	600553	2002-09-23
000679	2002-07-10	600246	2002-09-27
600884	2002-07-11	600550	2002-09-28
000963	2002-07-14	600060	2002-09-29
600162	2002-07-14	600779	2002-10-08

股票代码	公告日期	股票代码	公告日期
600468	2002-10-12	000739	2003-01-07
600606	2002-10-16	600602	2003-01-16
000948	2002-10-18	600725	2003-01-21
600582	2002-10-21	000151	2003-01-24
600160	2002-10-24	000159	2003-02-10
600268	2002-10-24	600105	2003-02-14
600747	2002-10-24	000910	2003-02-15
600519	2002-10-25	600595	2003-02-16
000887	2002-10-27	600252	2003-02-17
000583	2002-10-28	600389	2003-02-24
600278	2002-10-28	600559	2003-02-26
000725	2002-10-29	600372	2003-02-26
600062	2002-10-29	000559	2003-02-28
600275	2002-10-30	600581	2003-03-02
000895	2002-11-11	600320	2003-03-03
000619	2002-11-13	600175	2003-03-07
600486	2002-11-14	000987	2003-03-13
600736	2002-11-25	600178	2003-03-18
600508	2002-11-27	600357	2003-03-19
600849	2002-11-27	000096	2003-03-24
600008	2002-11-29	600315	2003-03-25
000428	2002-11-29	000881	2003-03-25
600181	2002-12-12	000966	2003-03-25
000968	2002-12-23	000666	2003-03-26
000611	2002-12-24	600591	2003-03-27

股票代码	公告日期	股票代码	公告日期
000059	2003-04-08	600565	2003-05-12
000890	2003-04-08	000090	2003-05-19
000517	2003-04-09	600593	2003-05-21
600596	2003-04-10	600252	2003-05-25
000598	2003-04-11	000800	2003-05-28
600227	2003-04-11	600578	2003-05-29
000078	2003-04-12	000150	2003-06-27
000687	2003-04-12	000078	2003-06-28
000751	2003-04-15	000583	2003-06-30
000610	2003-04-16	600371	2003-07-01
600126	2003-04-16	600422	2003-07-01
600242	2003-04-16	600151	2003-07-02
600397	2003-04-16	600568	2003-07-03
000911	2003-04-17	600158	2003-07-08
000573	2003-04-18	000720	2003-07-08
000725	2003-04-18	600313	2003-07-08
600388	2003-04-20	000159	2003-07-18
000979	2003-04-21	000089	2003-07-25
600501	2003-04-21	000969	2003-07-28
600883	2003-04-23	000897	2003-08-02
600360	2003-04-24	600559	2003-08-04
600599	2003-04-25	000811	2003-08-06
600657	2003-04-25	600388	2003-08-06
600345	2003-04-28	600539	2003-08-06
000883	2003-05-11	000402	2003-08-08

股票代码	公告日期	股票代码	公告日期
600311	2003-08-14	600369	2003-10-25
600586	2003-08-15	000917	2003-10-27
600630	2003-08-15	600516	2003-10-27
600550	2003-08-22	600292	2003-10-28
000930	2003-08-25	000829	2003-10-29
600039	2003-08-26	600328	2003-10-29
600522	2003-08-26	600345	2003-10-29
600240	2003-08-27	600522	2003-10-29
600549	2003-08-27	600788	2003-11-05
600408	2003-08-28	600535	2003-11-09
600422	2003-08-28	600158	2003-11-10
600458	2003-08-28	000503	2003-11-12
000895	2003-09-07	600505	2003-11-12
600371	2003-09-08	600352	2003-11-17
600766	2003-09-10	000997	2003-11-18
600391	2003-09-15	000727	2003-11-18
600319	2003-09-16	600581	2003-11-24
000993	2003-09-16	600060	2003-11-24
000735	2003-09-17	600757	2003-11-24
000988	2003-09-25	000856	2003-11-27
000635	2003-10-08	000913	2003-11-28
600598	2003-10-08	600395	2003-11-28
600789	2003-10-10	000786	2003-11-28
600272	2003-10-17	600243	2003-11-28
000715	2003-10-20	000813	2003-11-29

股票代码	公告日期	股票代码	公告日期
600008	2003-12-29	600253	2004-04-16
600580	2004-01-04	600545	2004-04-16
600343	2004-01-05	600783	2004-04-16
600195	2004-02-06	600321	2004-04-17
600515	2004-02-12	600265	2004-04-18
600403	2004-02-16	600104	2004-04-19
600319	2004-02-27	000970	2004-04-20
600056	2004-02-27	600513	2004-04-20
600546	2004-03-05	600523	2004-04-20
600279	2004-03-10	600498	2004-04-21
600731	2004-03-10	600305	2004-04-21
600449	2004-03-16	000901	2004-04-22
000930	2004-03-23	600099	2004-04-22
600162	2004-03-23	600372	2004-04-22
600250	2004-03-23	600425	2004-04-22
000679	2004-03-24	000655	2004-04-23
600192	2004-03-24	600251	2004-04-26
600487	2004-03-25	600496	2004-04-26
600396	2004-03-28	600608	2004-04-27
600439	2004-04-03	000695	2004-05-17
600336	2004-04-03	600535	2004-05-18
600507	2004-04-06	000722	2004-05-21
600211	2004-04-07	600751	2004-05-21
000570	2004-04-14	600303	2004-05-25
000548	2004-04-16	000996	2004-05-27

股票代码	公告日期	股票代码	公告日期
000568	2004-05-28	600091	2004-08-26
600502	2004-05-28	000920	2004-08-31
000779	2004-06-07	600988	2004-09-16
600209	2004-06-17	000980	2004-09-17
000989	2004-06-24	600573	2004-09-28
600340	2004-06-29	000032	2004-09-29
600481	2004-07-08	600511	2004-09-29
600766	2004-07-08	000729	2004-10-08
000983	2004-07-26	002032	2004-10-11
002004	2004-07-28	002016	2004-10-12
000960	2004-07-31	600463	2004-10-13
600506	2004-08-04	000762	2004-10-21
000952	2004-08-05	000959	2004-10-21
000931	2004-08-12	000917	2004-10-22
000826	2004-08-15	002001	2004-10-22
600255	2004-08-18	002004	2004-10-22
600545	2004-08-20	600540	2004-10-22
002007	2004-08-20	002019	2004-10-25
600731	2004-08-21	600210	2004-10-26
600538	2004-08-23	600401	2004-10-26
600241	2004-08-24	600581	2004-10-26
600540	2004-08-24	002006	2004-10-28
000151	2004-08-25	000036	2004-10-29
000157	2004-08-25	600985	2004-10-29
600104	2004-08-25	600278	2004-11-03

股票代码	公告日期	股票代码	公告日期
600489	2004-11-12	002010	2005-02-24
000153	2004-11-22	000989	2005-02-26
600606	2004-11-22	600467	2005-02-26
000537	2004-11-24	600597	2005-03-01
600348	2004-11-24	000528	2005-03-03
600250	2004-11-25	600521	2005-03-04
600654	2004-11-25	600481	2005-03-05
600357	2004-11-26	600180	2005-03-17
600396	2004-11-27	002023	2005-03-18
000700	2004-11-28	600380	2005-03-18
600251	2004-11-28	600637	2005-03-18
600419	2004-12-08	002020	2005-03-19
600511	2004-12-09	002005	2005-03-22
600429	2004-12-17	600991	2005-03-22
600228	2004-12-18	600491	2005-03-24
600125	2004-12-22	600545	2005-03-25
000963	2004-12-26	600546	2005-03-25
600422	2004-12-29	600967	2005-03-28
600592	2005-01-14	600576	2005-04-01
600148	2005-01-25	600420	2005-04-08
600297	2005-01-26	600976	2005-04-09
600060	2005-02-01	600455	2005-04-10
000422	2005-02-01	000707	2005-04-12
002008	2005-02-02	600485	2005-04-13
002007	2005-02-24	600739	2005-04-13

股票代码	公告日期	股票代码	公告日期
600979	2005-04-14	002015	2005-06-27
600988	2005-04-14	000609	2005-06-28
000680	2005-04-16	600327	2005-06-30
600312	2005-04-20	600262	2005-07-16
600127	2005-04-21	600981	2005-07-19
000932	2005-04-22	600354	2005-07-20
600226	2005-04-22	002025	2005-07-25
600380	2005-04-22	002026	2005-07-29
600468	2005-04-24	600962	2005-08-04
000590	2005-04-26	000150	2005-08-05
000979	2005-04-26	002028	2005-08-05
002001	2005-04-28	600321	2005-08-06
600973	2005-04-28	002016	2005-08-10
600488	2005-04-29	000078	2005-08-13
600241	2005-05-19	002010	2005-08-16
600985	2005-05-19	002018	2005-08-16
002019	2005-05-21	600980	2005-08-16
600651	2005-05-27	600495	2005-08-18
600421	2005-05-28	600578	2005-08-19
600965	2005-05-30	600284	2005-08-19
600667	2005-06-03	600312	2005-08-22
002036	2005-06-07	600599	2005-08-25
000688	2005-06-09	002024	2005-08-28
600335	2005-06-22	600545	2005-09-06
600369	2005-06-22	600227	2005-09-08

股票代码	公告日期	股票代码	公告日期
002022	2005-09-21	002016	2006-01-17
600421	2005-09-26	000955	2006-01-20
600971	2005-09-26	600240	2006-01-24
600599	2005-09-28	600535	2006-02-18
600355	2005-10-20	600766	2006-02-24
600510	2005-10-20	600539	2006-03-01
002001	2005-10-23	002007	2006-03-03
002004	2005-10-28	002002	2006-03-08
600435	2005-11-01	000989	2006-03-15
000980	2005-11-07	000150	2006-03-16
000100	2005-11-10	000962	2006-03-17
600330	2005-11-18	600979	2006-03-20
600507	2005-11-21	000970	2006-03-21
600532	2005-11-21	000733	2006-03-23
600565	2005-11-25	600400	2006-03-23
600991	2005-11-25	600273	2006-03-24
600993	2005-11-30	600389	2006-03-26
002036	2005-12-06	000528	2006-03-27
002030	2005-12-08	600490	2006-04-06
600480	2005-12-20	600630	2006-04-09
600969	2005-12-24	000939	2006-04-10
600215	2005-12-26	002040	2006-04-14
002009	2006-01-05	002029	2006-04-15
600519	2006-01-08	002041	2006-04-16
002002	2006-01-11	002005	2006-04-22

股票代码	公告日期	股票代码	公告日期
000895	2006-04-25	600572	2006-08-22
002015	2006-04-26	600981	2006-08-22
002002	2006-04-27	600510	2006-08-23
002019	2006-05-09	600735	2006-08-30
000890	2006-05-16	000998	2006-09-05
600993	2006-05-26	002023	2006-09-16
600353	2006-05-29	600209	2006-09-19
600980	2006-06-01	600855	2006-09-27
600896	2006-06-13	600517	2006-10-12
002009	2006-06-14	002059	2006-10-18
600540	2006-06-19	002010	2006-10-21
600405	2006-06-22	000632	2006-10-23
600435	2006-07-03	002060	2006-10-23
600997	2006-07-06	000727	2006-10-24
600485	2006-07-19	600326	2006-10-24
600397	2006-07-20	002050	2006-10-25
600552	2006-07-24	600297	2006-10-25
000983	2006-07-24	000528	2006-10-26
002016	2006-07-26	000790	2006-10-26
600446	2006-07-26	002002	2006-10-26
002010	2006-07-27	600410	2006-10-26
000679	2006-08-07	000096	2006-10-27
600476	2006-08-07	600970	2006-11-10
600491	2006-08-14	600575	2006-11-18
600452	2006-08-15	600079	2006-11-20

股票代码	公告日期	股票代码	公告日期
000997	2006-11-29	002046	2007-02-27
002002	2006-11-30	002115	2007-03-06
002085	2006-12-01	600461	2007-03-08
002060	2006-12-04	002010	2007-03-09
000897	2006-12-06	002033	2007-03-13
600122	2006-12-11	000748	2007-03-19
000722	2006-12-13	600521	2007-03-20
600429	2006-12-25	002088	2007-03-22
600354	2006-12-25	600130	2007-03-23
002078	2006-12-27	600981	2007-03-23
002029	2006-12-28	002037	2007-03-26
600346	2007-01-11	002125	2007-03-26
002047	2007-01-15	000628	2007-03-28
600825	2007-01-18	600540	2007-03-29
000061	2007-01-18	600435	2007-03-31
000969	2007-01-21	600573	2007-04-07
000989	2007-01-23	600311	2007-04-08
002038	2007-01-31	000972	2007-04-09
002108	2007-02-05	002080	2007-04-10
600896	2007-02-09	600969	2007-04-10
002096	2007-02-12	002078	2007-04-12
600436	2007-02-13	600516	2007-04-12
600491	2007-02-13	600543	2007-04-15
600523	2007-02-14	000609	2007-04-16
002067	2007-02-14	600970	2007-04-18

股票代码	公告日期	股票代码	公告日期
002073	2007-04-19	000528	2007-06-27
600287	2007-04-19	002136	2007-06-28
002047	2007-04-23	000019	2007-06-29
600731	2007-04-24	600128	2007-07-02
000938	2007-04-25	002117	2007-07-04
600838	2007-04-26	600192	2007-07-05
000800	2007-04-30	002108	2007-07-08
002009	2007-05-14	000969	2007-07-19
002085	2007-05-15	600210	2007-07-19
002041	2007-05-17	600980	2007-07-23
600578	2007-05-19	002098	2007-07-28
002131	2007-05-20	600890	2007-07-28
002077	2007-05-23	002098	2007-07-30
600262	2007-05-23	002014	2007-08-07
600303	2007-05-24	600143	2007-08-10
600406	2007-05-25	600644	2007-08-10
600577	2007-05-28	600241	2007-08-15
002054	2007-05-28	000070	2007-08-16
600802	2007-05-29	600375	2007-08-16
002127	2007-06-02	002048	2007-08-21
600491	2007-06-04	600488	2007-08-21
600429	2007-06-15	600452	2007-08-23
002008	2007-06-18	002163	2007-08-23
000897	2007-06-25	002009	2007-08-25
002043	2007-06-26	002115	2007-08-27

股票代码	公告日期	股票代码	公告日期
600392	2007-08-28	002125	2007-11-28
002079	2007-08-31	600271	2007-11-29
600723	2007-08-31	600513	2007-11-30
002017	2007-09-06	000729	2007-12-03
002164	2007-09-06	600353	2007-12-04
002154	2007-09-07	002125	2007-12-05
600490	2007-09-08	000897	2007-12-06
600555	2007-09-17	002122	2007-12-11
002032	2007-09-25	600595	2007-12-11
002059	2007-09-28	600354	2007-12-12
002081	2007-10-08	600153	2007-12-18
000793	2007-10-08	600825	2007-12-18
600069	2007-10-19	000980	2007-12-22
002070	2007-10-22	002100	2007-12-26
002089	2007-10-24	002008	2008-01-03
002055	2007-10-26	600435	2008-01-05
002079	2007-11-06	002136	2008-01-10
000911	2007-11-14	002115	2008-01-24
600519	2007-11-15	000955	2008-02-01
600422	2007-11-15	600143	2008-02-01
600601	2007-11-16	002004	2008-02-13
002085	2007-11-16	002186	2008-02-18
002131	2007-11-18	600151	2008-02-22
002077	2007-11-19	600479	2008-02-22
002127	2007-11-24	002138	2008-02-23

股票代码	公告日期	股票代码	公告日期
000902	2008-02-26	002025	2008-04-22
000762	2008-02-27	600577	2008-04-23
600573	2008-02-27	600348	2008-04-24
601588	2008-03-05	600689	2008-04-24
600316	2008-03-06	600825	2008-04-25
000768	2008-03-06	600986	2008-04-25
000100	2008-03-13	000993	2008-04-30
600978	2008-03-15	002095	2008-04-30
002154	2008-03-17	002155	2008-05-13
000002	2008-03-18	002085	2008-05-15
000983	2008-03-18	600530	2008-05-15
002115	2008-03-18	000903	2008-05-16
002108	2008-03-20	002131	2008-05-18
600091	2008-03-20	600153	2008-05-19
002114	2008-03-23	002127	2008-05-24
000963	2008-03-27	000043	2008-05-24
002137	2008-03-27	002182	2008-05-26
600815	2008-03-28	002231	2008-05-31
600586	2008-04-02	600118	2008-06-03
000999	2008-04-08	600798	2008-06-11
600673	2008-04-11	000060	2008-06-13
002080	2008-04-16	600838	2008-06-15
600354	2008-04-18	000897	2008-06-16
600519	2008-04-18	600299	2008-06-16
000929	2008-04-21	600499	2008-06-18

股票代码	公告日期	股票代码	公告日期
000059	2008-06-22	002103	2008-09-09
002124	2008-07-01	002060	2008-09-10
600984	2008-07-02	600370	2008-09-13
000722	2008-07-04	002172	2008-09-24
600890	2008-07-04	002097	2008-09-25
600499	2008-07-14	600435	2008-09-25
600449	2008-07-18	600598	2008-10-21
000725	2008-07-28	002014	2008-10-24
002008	2008-07-30	002168	2008-10-24
600125	2008-08-05	000157	2008-10-28
600727	2008-08-06	600599	2008-10-28
002029	2008-08-06	600203	2008-10-29
002169	2008-08-06	600128	2008-10-30
000401	2008-08-08	000759	2008-10-31
600416	2008-08-09	002246	2008-11-03
000813	2008-08-11	600533	2008-11-10
002119	2008-08-16	600352	2008-11-12
002207	2008-08-16	600067	2008-11-19
000851	2008-08-18	002153	2008-11-25
002157	2008-08-18	600599	2008-11-28
600143	2008-08-18	002184	2008-11-28
600184	2008-08-18	600680	2008-11-29
000159	2008-08-21	002231	2008-11-30
600614	2008-08-28	002029	2008-12-03
600832	2008-09-08	600881	2008-12-04

股票代码	公告日期	股票代码	公告日期
002143	2008-12-05	002090	2009-03-21
002131	2008-12-08	600782	2009-03-26
002100	2008-12-09	002186	2009-03-27
000158	2008-12-10	600271	2009-03-27
000159	2008-12-11	002158	2009-03-30
000903	2008-12-11	000159	2009-03-31
000584	2008-12-12	002252	2009-03-31
000926	2008-12-12	600830	2009-03-31
002264	2008-12-15	600350	2009-04-02
000897	2008-12-16	000096	2009-04-18
600997	2008-12-25	600449	2009-04-21
000768	2009-01-07	002067	2009-04-24
002213	2009-01-17	600599	2009-04-27
002184	2009-01-19	600148	2009-04-28
002271	2009-01-21	601390	2009-04-28
002183	2009-01-22	000887	2009-05-07
600122	2009-02-11	600572	2009-05-09
000401	2009-02-16	002190	2009-05-22
600499	2009-02-17	002171	2009-05-23
600614	2009-02-19	600838	2009-05-25
002251	2009-02-26	002083	2009-05-28
000428	2009-03-17	600880	2009-06-08
600587	2009-03-17	000897	2009-06-15
000739	2009-03-18	002228	2009-06-15
002228	2009-03-19	600599	2009-07-07

股票代码	公告日期	股票代码	公告日期
002048	2009-07-09	600435	2009-12-18
000718	2009-07-21	600512	2009-12-26
002145	2009-07-24	002104	2009-12-28
000100	2009-08-04	000989	2009-12-30
600118	2009-08-12	600596	2009-12-31
002071	2009-08-28	600794	2009-12-31
002125	2009-09-09	601668	2010-01-06
002247	2009-09-14	601618	2010-01-11
600251	2009-09-15	600069	2010-01-12
600300	2009-09-29	002286	2010-01-19
002256	2009-09-30	002104	2010-01-21
600858	2009-09-30	002229	2010-01-25
002143	2009-10-20	600128	2010-01-27
002215	2009-10-23	002091	2010-02-02
002201	2009-10-26	600300	2010-02-04
002056	2009-10-27	002306	2010-02-08
600491	2009-10-30	002088	2010-02-23
600495	2009-10-30	002046	2010-03-06
002245	2009-11-09	002105	2010-03-08
002173	2009-11-12	600495	2010-03-19
002047	2009-11-16	300012	2010-03-23
002221	2009-11-16	600277	2010-03-23
600315	2009-11-25	002158	2010-03-26
600490	2009-12-03	002264	2010-03-27
600606	2009-12-04	601668	2010-03-29

股票代码	公告日期	股票代码	公告日期
002297	2010-03-30	600787	2010-07-01
600804	2010-03-30	000906	2010-07-07
600991	2010-03-31	002419	2010 07 14
002277	2010-04-01	601898	2010-07-14
600221	2010-04-10	002104	2010-07-19
600351	2010-04-15	600815	2010-07-20
600543	2010-04-17	002189	2010-08-17
600832	2010-04-22	600118	2010-08-18
002110	2010-04-22	002126	2010-08-23
002239	2010-04-22	000948	2010-08-26
600229	2010-04-22	601888	2010-08-26
002203	2010-04-27	600481	2010-08-28
000157	2010-04-30	002021	2010-08-30
002290	2010-05-04	002247	2010-09-04
002207	2010-05-11	000606	2010-09-08
600138	2010-05-20	002336	2010-09-16
600345	2010-05-21	002430	2010-09-21
000999	2010-06-01	601668	2010-09-27
600458	2010-06-03	601158	2010-09-28
002145	2010-06-05	002044	2010-09-29
600482	2010-06-12	002127	2010-09-29
002295	2010-06-17	002377	2010-09-29
002251	2010-06-21	600255	2010-10-12
600516	2010-06-24	002071	2010-10-15
002260	2010-06-29	600408	2010-10-21

股票代码	公告日期	股票代码	公告日期
002273	2010-10-25	000539	2011-01-28
601899	2010-10-28	002089	2011-02-18
300070	2010-11-04	002058	2011-02-23
002113	2010-11-10	600777	2011-02-25
002342	2010-11-15	300064	2011-02-25
002408	2010-11-18	600765	2011-02-28
002177	2010-11-22	600482	2011-03-02
600343	2010-11-23	002059	2011-03-03
300012	2010-11-29	002246	2011-03-08
002430	2010-12-13	002021	2011-03-12
300066	2010-12-21	002306	2011-03-12
300063	2010-12-22	600299	2011-03-16
002475	2010-12-23	002169	2011-03-16
000159	2010-12-28	002264	2011-03-16
002021	2010-12-29	002415	2011-03-17
601880	2010-12-30	002151	2011-03-18
600838	2010-12-30	002251	2011-03-18
600270	2010-12-30	002306	2011-03-22
002394	2011-01-10	601588	2011-03-23
600992	2011-01-10	600310	2011-03-23
002336	2011-01-11	002442	2011-03-24
002417	2011-01-11	600478	2011-03-31
000851	2011-01-12	002407	2011-03-31
300122	2011-01-23	300138	2011-03-31
002534	2011-01-25	601618	2011-03-31

股票代码	公告日期	股票代码	公告日期
002210	2011-04-01	300131	2011-06-15
002320	2011-04-09	300154	2011-06-17
601899	2011-04-13	300143	2011 06 20
002430	2011-04-13	600343	2011-07-05
600491	2011-04-13	002478	2011-07-08
002550	2011-04-14	600321	2011-07-09
600468	2011-04-15	002411	2011-07-19
600249	2011-04-16	601558	2011-07-20
002506	2011-04-18	600452	2011-07-26
300093	2011-04-18	000802	2011-07-26
002386	2011-04-19	600037	2011-07-27
002430	2011-04-22	002233	2011-07-28
601999	2011-04-25	300106	2011-07-29
000731	2011-04-26	600435	2011-08-02
002514	2011-04-27	002021	2011-08-06
002567	2011-05-03	002215	2011-08-08
600128	2011-05-10	000982	2011-08-11
000659	2011-05-20	002464	2011-08-12
002336	2011-05-24	002304	2011-08-13
300117	2011-05-27	002069	2011-08-17
002246	2011-05-31	002260	2011-08-18
002282	2011-05-31	002485	2011-08-19
002477	2011-06-01	600313	2011-08-19
002541	2011-06-02	002452	2011-08-22
002430	2011-06-13	300177	2011-08-22

股票代码	公告日期	股票代码	公告日期
600232	2011-08-23	600481	2011-11-05
600209	2011-08-25	600680	2011-11-07
600480	2011-08-25	600316	2011-11-11
300132	2011-09-08	002280	2011-11-14
002607	2011-09-10	600352	2011-11-16
002342	2011-09-14	002178	2011-11-18
002368	2011-09-15	300119	2011-11-21
600271	2011-09-15	002246	2011-11-22
600118	2011-09-16	002496	2011-11-23
002477	2011-09-18	601668	2011-11-29
002567	2011-09-22	300220	2011-11-30
002048	2011-09-28	300250	2011-12-01
002342	2011-09-29	000659	2011-12-06
000726	2011-09-29	002048	2011-12-10
002603	2011-09-29	600163	2011-12-14
002197	2011-09-30	601801	2011-12-15
600551	2011-10-10	600354	2011-12-22
300256	2011-10-14	600531	2011-12-24
600313	2011-10-17	600596	2011-12-28
300180	2011-10-18	600122	2011-12-30
002513	2011-10-24	300028	2012-01-06
600089	2011-10-25	600420	2012-01-09
002362	2011-10-26	600196	2012-01-13
601616	2011-10-26	002303	2012-01-16
600300	2011-10-27	002151	2012-01-17

股票代码	公告日期	股票代码	公告日期
002422	2012-02-10	300073	2012-04-23
300174	2012-02-27	600150	2012-04-23
300191	2012-02-28	600801	2012-04-24
600354	2012-03-02	000713	2012-04-25
300232	2012-03-05	600270	2012-04-25
601888	2012-03-09	002149	2012-04-26
000830	2012-03-12	002586	2012-04-26
002497	2012-03-13	300052	2012-04-26
300094	2012-03-16	300164	2012-04-26
600408	2012-03-16	600359	2012-04-28
002336	2012-03-16	300093	2012-05-17
002199	2012-03-20	600727	2012-05-17
002023	2012-03-20	601789	2012-05-31
002249	2012-03-22	002529	2012-06-15
002362	2012-03-22	600255	2012-06-21
000978	2012-03-26	002460	2012-06-25
300194	2012-03-28	002684	2012-07-04
000019	2012-04-07	002144	2012-07-11
002483	2012-04-10	300029	2012-07-11
002608	2012-04-13	300206	2012-07-12
002292	2012-04-15	002043	2012-07-12
002237	2012-04-18	002466	2012-07-14
002261	2012-04-18	000566	2012-07-18
300244	2012-04-18	300175	2012-07-18
600268	2012-04-22	600268	2012-07-20

股票代码	公告日期	股票代码	公告日期
002430	2012-07-20	002478	2012-09-13
002640	2012-07-23	300051	2012-09-14
300085	2012-07-23	002468	2012-09-22
000528	2012-07-26	002506	2012-09-24
601558	2012-07-29	600695	2012-09-25
002264	2012-07-30	002604	2012-09-27
300055	2012-08-03	000728	2012-10-13
300130	2012-08-09	300044	2012-10-19
002010	2012-08-10	000592	2012-10-23
601989	2012-08-10	002588	2012-10-23
300280	2012-08-13	002312	2012-10-26
600251	2012-08-13	002565	2012-10-26
002020	2012-08-14	300067	2012-10-26
600577	2012-08-14	601158	2012-10-27
300251	2012-08-20	002001	2012-10-29
002502	2012-08-23	002081	2012-10-29
002003	2012-08-24	600313	2012-11-05
300217	2012-08-24	002205	2012-11-14
600316	2012-08-28	300032	2012-11-15
002143	2012-08-29	300331	2012-11-16
600221	2012-08-31	600151	2012-11-20
002574	2012-08-31	002263	2012-11-20
300074	2012-09-03	002623	2012-11-22
300296	2012-09-10	002642	2012-11-22
600869	2012-09-10	002293	2012-11-29

股票代码	公告日期	股票代码	公告日期
000547	2012-11-29	002636	2013-03-19
603003	2012-11-29	300220	2013-03-19
002616	2012-12-04	601088	2013-03-22
002379	2012-12-04	000851	2013-03-25
002683	2012-12-04	000933	2013-03-26
600261	2012-12-05	600600	2013-03-27
600481	2012-12-07	002278	2013-03-28
002592	2012-12-11	002522	2013-03-28
000559	2012-12-12	002666	2013-03-28
600313	2012-12-27	000528	2013-03-29
002535	2012-12-29	600695	2013-04-02
300015	2012-12-31	300165	2013-04-10
601636	2013-01-15	002529	2013-04-16
002189	2013-01-16	002683	2013-04-17
002679	2013-01-22	300074	2013-04-18
300057	2013-01-30	002079	2013-04-19
600710	2013-02-02	002093	2013-04-19
002314	2013-02-05	601668	2013-04-19
300080	2013-02-05	300184	2013-04-22
002205	2013-03-01	002096	2013-04-23
002605	2013-03-01	002483	2013-04-23
300084	2013-03-06	600261	2013-04-23
000159	2013-03-06	601118	2013-04-24
002599	2013-03-07	600351	2013-04-26
002593	2013-03-14	600489	2013-04-26

股票代码	公告日期	股票代码	公告日期
600577	2013-05-07	002247	2013-07-16
600290	2013-05-08	300237	2013-08-05
600108	2013-05-08	601700	2013-08-06
600747	2013-05-18	002530	2013-08-07
600770	2013-05-21	300052	2013-08-13
300222	2013-05-29	000667	2013-08-13
300234	2013-05-30	002551	2013-08-13
002696	2013-05-30	300029	2013-08-13
002233	2013-06-05	002645	2013-08-18
300322	2013-06-05	002612	2013-08-19
600166	2013-06-06	002572	2013-08-20
002205	2013-06-07	300183	2013-08-21
002596	2013-06-07	000916	2013-08-21
000851	2013-06-13	603399	2013-08-21
002236	2013-06-13	002285	2013-08-22
300256	2013-06-13	300254	2013-08-22
000159	2013-06-18	300246	2013-08-28
002004	2013-06-18	002428	2013-08-29
300355	2013-06-25	601618	2013-08-30
601800	2013-06-29	002526	2013-09-09
002288	2013-07-01	002597	2013-09-09
002405	2013-07-09	002657	2013-09-11
603077	2013-07-09	300299	2013-09-13
300142	2013-07-10	600363	2013-09-25
000993	2013-07-11	603993	2013-09-29

股票代码	公告日期	股票代码	公告日期
300317	2013-10-10	002526	2014-01-22
600207	2013-10-11	300250	2014-01-27
002674	2013 10 24	002091	2014-01-28
002681	2013-10-25	300332	2014-02-11
601668	2013-10-28	002721	2014-02-12
600801	2013-11-12	300159	2014-02-13
002567	2013-11-15	002639	2014-02-14
002385	2013-11-18	601558	2014-02-24
002393	2013-11-18	002247	2014-02-28
002638	2013-11-21	002336	2014-03-05
002640	2013-11-22	300220	2014-03-10
002256	2013-11-22	000045	2014-03-11
002012	2013-11-26	300328	2014-03-13
600098	2013-12-03	600168	2014-03-15
000153	2013-12-05	002672	2014-03-20
600198	2013-12-07	600985	2014-03-20
600361	2013-12-10	002449	2014-03-21
300312	2013-12-10	601100	2014-03-22
002636	2013-12-14	601908	2014-03-23
600363	2013-12-20	600056	2014-03-25
300299	2013-12-31	300245	2014-03-26
300315	2014-01-10	002218	2014-03-27
600390	2014-01-11	002303	2014-03-27
002005	2014-01-13	300223	2014-03-27
002437	2014-01-17	300139	2014-04-03

股票代码	公告日期	股票代码	公告日期
600572	2014-04-08	600128	2014-05-27
300178	2014-04-09	002672	2014-05-29
002264	2014-04-10	002674	2014-05-29
300076	2014-04-10	300102	2014-06-05
002429	2014-04-15	002504	2014-06-06
000823	2014-04-17	600737	2014-06-09
000955	2014-04-17	300345	2014-06-11
603399	2014-04-17	002661	2014-06-12
002266	2014-04-18	002298	2014-06-13
002454	2014-04-22	300251	2014-06-13
002418	2014-04-23	002285	2014-06-26
002544	2014-04-23	002570	2014-06-27
600487	2014-04-23	300348	2014-06-30
002630	2014-04-25	002551	2014-07-01
601989	2014-04-25	600398	2014-07-02
002422	2014-04-26	002014	2014-07-03
002551	2014-04-26	002137	2014-07-04
002627	2014-04-28	600251	2014-07-08
300355	2014-04-28	601677	2014-07-15
601012	2014-04-30	002089	2014-07-15
002318	2014-05-07	600982	2014-07-24
300312	2014-05-07	000778	2014-07-24
002144	2014-05-08	300187	2014-07-24
600281	2014-05-09	002243	2014-07-25
300226	2014-05-13	002605	2014-07-28

股票代码	公告日期	股票代码	公告日期
002048	2014-07-29	002433	2014-09-18
002121	2014-07-29	300063	2014-09-19
002516	2014-07-31	300338	2014-09-24
600151	2014-08-12	600673	2014-10-08
300379	2014-08-14	300383	2014-10-10
600268	2014-08-16	002266	2014-10-11
000916	2014-08-18	002289	2014-10-14
300367	2014-08-18	002279	2014-10-16
002460	2014-08-19	000851	2014-10-20
300252	2014-08-20	002528	2014-10-21
000701	2014-08-22	300237	2014-10-21
002092	2014-08-22	000882	2014-10-23
000151	2014-08-22	300292	2014-10-24
002369	2014-08-22	601116	2014-10-25
002709	2014-08-22	002426	2014-10-27
000799	2014-08-27	002285	2014-10-28
002311	2014-08-27	002389	2014-10-30
002336	2014-08-27	300159	2014-10-31
600277	2014-08-27	601616	2014-10-31
300246	2014-08-28	603128	2014-11-01
002024	2014-08-30	002256	2014-11-06
002375	2014-09-03	002278	2014-11-12
300316	2014-09-10	600801	2014-11-18
002524	2014-09-15	002524	2014-11-26
002505	2014-09-17	002671	2014-11-27

股票代码	公告日期	股票代码	公告日期
002288	2014-11-28	000851	2015-01-19
601179	2014-12-02	002612	2015-01-21
600677	2014-12-06	300399	2015-01-29
600435	2014-12-06	300345	2015-01-30
002170	2014-12-08	603003	2015-01-30
002178	2014-12-08	300299	2015-02-04
002401	2014-12-09	300388	2015-02-09
000606	2014-12-09	600168	2015-02-11
601718	2014-12-11	600976	2015-02-11
002209	2014-12-12	002093	2015-02-13
000021	2014-12-13	002611	2015-02-13
300350	2014-12-15	002716	2015-02-14
002511	2014-12-17	601388	2015-02-17
300159	2014-12-18	002280	2015-03-03
000728	2014-12-19	600363	2015-03-04
002285	2014-12-25	002311	2015-03-05
300363	2014-12-26	002605	2015-03-11
600584	2014-12-30	600429	2015-03-13
300178	2014-12-31	002425	2015-03-13
000859	2015-01-06	002009	2015-03-20
002613	2015-01-06	600354	2015-03-20
600745	2015-01-08	300359	2015-03-23
002645	2015-01-08	300367	2015-03-26
002346	2015-01-13	300327	2015-03-30
600373	2015-01-15	600967	2015-03-31

股票代码	公告日期	股票代码	公告日期
603555	2015-03-31	002453	2015-06-01
603699	2015-04-03	000078	2015-06-02
603222	2015-04-07	002264	2015-06-03
002361	2015-04-08	002711	2015-06-03
002369	2015-04-10	000566	2015-06-03
002739	2015-04-10	300097	2015-06-05
300151	2015-04-14	603012	2015-06-08
002505	2015-04-17	601388	2015-06-09
002613	2015-04-17	601888	2015-06-09
000799	2015-04-22	002331	2015-06-10
300183	2015-04-24	300151	2015-06-11
300316	2015-04-24	600363	2015-06-12
002018	2015-04-28	002239	2015-06-25
601989	2015-04-28	002252	2015-06-27
600448	2015-04-30	300443	2015-06-30
600487	2015-04-30	000837	2015-06-30
002671	2015-05-07	600401	2015-06-30
300335	2015-05-12	600976	2015-07-07
600859	2015-05-15	300372	2015-07-10
002107	2015-05-20	300360	2015-07-11
300317	2015-05-20	002730	2015-07-13
300396	2015-05-29	000595	2015-07-14
600151	2015-05-29	002107	2015-07-15
002310	2015-06-01	300167	2015-07-15
002339	2015-06-01	300359	2015-07-15

股票代码	公告日期	股票代码	公告日期
000687	2015-07-15	600168	2015-08-29
002029	2015-07-15	600170	2015-08-29
002234	2015-07-18	600745	2015-08-29
300115	2015-07-20	600819	2015-08-29
300144	2015-07-20	300374	2015-08-31
603366	2015-07-21	002460	2015-09-02
300113	2015-07-27	002524	2015-09-08
002564	2015-07-28	002732	2015-09-09
603567	2015-08-03	600536	2015-09-10
002713	2015-08-04	600251	2015-09-17
300144	2015-08-06	600135	2015-09-18
600114	2015-08-11	000701	2015-09-25
600073	2015-08-11	000681	2015-09-30
300203	2015-08-14	002752	2015-09-30
600648	2015-08-14	600843	2015-09-30
600356	2015-08-17	000893	2015-10-10
603188	2015-08-19	300427	2015-10-13
300424	2015-08-19	002737	2015-10-15
001696	2015-08-21	300469	2015-10-19
600283	2015-08-22	002756	2015-10-20
600222	2015-08-26	300341	2015-10-20
002167	2015-08-27	600093	2015-10-21
002065	2015-08-28	002733	2015-10-22
600108	2015-08-28	002357	2015-10-24
000597	2015-08-29	600522	2015-10-27

股票代码	公告日期	股票代码	公告日期
600983	2015-10-28	300408	2016-01-08
603518	2015-10-28	002196	2016-01-22
600128	2015-10-31	002219	2016-01-22
600084	2015-11-10	002520	2016-01-28
300442	2015-11-20	300466	2016-01-29
603555	2015-11-21	000786	2016-02-01
002535	2015-11-25	300429	2016-02-03
002728	2015-12-01	601028	2016-02-04
002679	2015-12-04	002680	2016-02-04
600408	2015-12-04	000407	2016-02-05
600737	2015-12-08	300384	2016-02-05
601801	2015-12-08	002280	2016-02-22
002219	2015-12-09	002236	2016-02-26
603015	2015-12-11	002611	2016-03-04
300395	2015-12-11	300315	2016-03-08
600848	2015-12-12	002713	2016-03-09
601969	2015-12-12	300383	2016-03-14
000166	2015-12-12	601666	2016-03-15
300001	2015-12-12	002671	2016-03-15
601989	2015-12-14	002230	2016-03-15
600485	2015-12-15	600775	2016-03-21
600436	2015-12-22	002156	2016-03-23
600405	2015-12-28	603866	2016-03-24
600206	2015-12-31	000980	2016-03-25
002505	2015-12-31	300378	2016-03-25

股票代码	公告日期	股票代码	公告日期
002311	2016-03-29	300142	2016-04-28
601766	2016-03-29	600108	2016-04-28
601388	2016-03-30	603012	2016-04-28
603598	2016-03-30	600745	2016-04-29
000045	2016-03-31	600686	2016-04-30
600885	2016-03-31	300444	2016-05-13
603188	2016-03-31	600673	2016-05-17
002249	2016-04-01	600485	2016-05-17
000860	2016-04-08	002321	2016-05-19
603898	2016-04-09	600363	2016-05-21
300456	2016-04-12	002505	2016-05-28
603599	2016-04-14	601666	2016-06-04
300057	2016-04-15	300335	2016-06-07
300436	2016-04-15	601222	2016-06-08
600128	2016-04-16	600157	2016-06-13
603979	2016-04-18	000768	2016-06-13
600526	2016-04-19	600582	2016-06-15
002167	2016-04-21	300459	2016-06-18
601258	2016-04-21	600811	2016-06-18
002377	2016-04-24	300098	2016-06-24
000595	2016-04-25	002663	2016-06-27
000836	2016-04-26	603558	2016-06-28
300228	2016-04-26	300511	2016-06-30
300483	2016-04-26	002509	2016-07-01
601798	2016-04-26	002713	2016-07-11

股票代码	公告日期	股票代码	公告日期
002009	2016-07-14	600166	2016-09-09
603969	2016-07-14	002663	2016-09-10
000681	2016-07-14	300323	2016-09-12
000928	2016-07-15	300482	2016-09-13
002036	2016-08-02	002624	2016-09-14
600249	2016-08-05	603012	2016-09-14
002805	2016-08-10	300521	2016-09-18
300403	2016-08-18	002023	2016-09-20
002521	2016-08-19	601595	2016-09-20
002786	2016-08-22	002672	2016-09-21
002735	2016-08-22	300133	2016-09-23
002644	2016-08-23	000038	2016-09-26
002361	2016-08-24	600330	2016-09-29
600283	2016-08-25	000802	2016-09-29
603268	2016-08-25	600628	2016-09-30
603822	2016-08-25	002505	2016-09-30
603885	2016-08-27	300209	2016-09-30
603737	2016-08-27	300500	2016-09-30
000420	2016-08-29	000980	2016-10--9
002102	2016-08-31	002785	2016-10-11
600981	2016-08-31	300505	2016-10-13
300017	2016-09-06	002256	2016-10-14
300381	2016-09-07	300439	2016-10-14
002009	2016-09-08	002467	2016-10-17
002205	2016-09-08	601519	2016-10-18

股票代码	公告日期	股票代码	公告日期
002772	2016-10-19	002786	2016-12-05
002271	2016-10-20	002546	2016-12-06
300341	2016-10-20	300560	2016-12-06
300399	2016-10-27	300228	2016-12-09
600328	2016-10-27	300386	2016-12-09
600975	2016-10-27	002711	2016-12-12
600138	2016-10-28	603222	2016-12-13
601012	2016-10-29	002444	2016-12-14
300376	2016-11-04	002713	2016-12-14
002289	2016-11-09	300459	2016-12-14
300434	2016-11-11	300398	2016-12-26
002640	2016-11-12	300095	2016-12-27
002197	2016-11-18	002256	2016-12-28
601999	2016-11-18	300374	2016-12-30
002519	2016-11-23	600516	2016-12-31
603339	2016-11-23	002024	2017-01-03
603859	2016-11-24	300177	2017-01-05
002726	2016-11-25	002280	2017-01-10
000908	2016-11-25	300055	2017-01-12
002252	2016-11-26	000592	2017-01-18
002427	2016-11-26	300313	2017-01-18
002663	2016-11-29	002745	2017-01-18
002419	2016-11-29	300217	2017-01-20
603816	2016-11-29	600734	2017-01-21
300541	2016-12-02	601595	2017-01-25

股票代码	公告日期	股票代码	公告日期
002747	2017-02-03	002176	2017-03-23
603558	2017-02-08	600823	2017-03-23
300496	2017-02-08	603839	2017-03-24
603416	2017-02-15	000663	2017-03-28
300421	2017-02-20	001979	2017-03-28
002475	2017-02-23	300077	2017-03-28
002137	2017-02-27	300335	2017-03-28
300520	2017-02-27	000065	2017-03-29
300146	2017-02-27	600249	2017-03-29
300166	2017-02-27	600458	2017-03-30
300317	2017-02-27	600754	2017-03-30
002385	2017-03-03	002739	2017-03-31
603012	2017-03-04	300479	2017-03-31
600031	2017-03-08	002773	2017-04-06
002562	2017-03-08	002157	2017-04-08
300098	2017-03-10	002004	2017-04-14
300409	2017-03-13	603568	2017-04-14
300531	2017-03-14	000544	2017-04-17
300222	2017-03-14	300440	2017-04-17
000592	2017-03-15	600330	2017-04-18
002468	2017-03-15	002773	2017-04-18
000158	2017-03-15	603888	2017-04-18
000673	2017-03-16	603667	2017-04-18
000591	2017-03-18	300592	2017-04-19
002249	2017-03-18	600862	2017-04-19

股票代码	公告日期	股票代码	公告日期
000917	2017-04-20	600847	2017-05-16
002657	2017-04-20	002230	2017-05-18
603238	2017-04-20	000887	2017-05-19
601366	2017-04-21	000606	2017-05-23
000837	2017-04-24	002157	2017-05-23
300351	2017-04-24	002127	2017-05-25
002107	2017-04-25	002444	2017-05-27
002633	2017-04-25	300081	2017-06-01
002722	2017-04-25	600984	2017-06-01
300143	2017-04-25	300449	2017-06-02
601999	2017-04-26	600985	2017-06-02
600199	2017-04-26	002219	2017-06-07
603227	2017-04-26	601099	2017-06-07
603798	2017-04-26	601965	2017-06-07
002567	2017-04-27	002129	2017-06-08
600351	2017-04-27	601666	2017-06-14
300412	2017-04-28	300291	2017-06-14
002666	2017-04-28	000428	2017-06-16
600200	2017-04-28	300285	2017-06-19
600648	2017-04-28	000040	2017-06-20
600977	2017-04-28	300133	2017-06-23
603077	2017-04-29	300473	2017-06-23
000025	2017-05-08	603117	2017-06-24
300259	2017-05-10	002734	2017-06-28
002755	2017-05-15	002280	2017-06-30

股票代码	公告日期	股票代码	公告日期
002426	2017-06-30	300012	2017-08-24
002031	2017-07-01	002285	2017-08-24
002785	2017-07-05	300041	2017 08 24
300398	2017-07-09	000069	2017-08-25
002110	2017-07-11	300323	2017-08-25
600588	2017-07-20	300525	2017-08-25
600335	2017-07-21	603393	2017-08-25
300413	2017-07-22	002352	2017-08-26
300665	2017-07-24	000701	2017-08-28
300619	2017-07-24	603888	2017-08-29
002373	2017-07-26	600487	2017-08-30
002517	2017-07-26	603900	2017-08-30
300177	2017-07-28	600567	2017-09-01
002847	2017-07-28	300559	2017-09-01
300577	2017-07-31	002010	2017-09-02
002791	2017-08-02	002429	2017-09-05
000513	2017-08-03	600522	2017-09-07
600074	2017-08-04	002124	2017-09-08
002310	2017-08-10	000685	2017-09-11
002640	2017-08-12	300146	2017-09-11
603208	2017-08-15	002475	2017-09-11
600326	2017-08-19	000676	2017-09-12
002842	2017-08-22	002747	2017-09-13
300599	2017-08-23	000582	2017-09-14
601898	2017-08-23	002505	2017-09-14

股票代码	公告日期	股票代码	公告日期
600501	2017-09-16	002607	2017-10-28
002303	2017-09-18	300301	2017-10-28
002385	2017-09-18	600502	2017-10-30
600135	2017-09-19	603707	2017-10-30
000404	2017-09-22	600855	2017-11-01
002891	2017-09-22	300536	2017-11-03
300537	2017-09-22	002456	2017-11-06
600259	2017-09-26	000040	2017-11-07
603579	2017-09-27	300332	2017-11-10
002774	2017-09-29	000998	2017-11-13
600390	2017-09-30	600150	2017-11-14
002057	2017-10-11	603767	2017-11-15
002432	2017-10-14	600418	2017-11-21
600734	2017-10-14	300285	2017-11-24
603959	2017-10-18	002370	2017-11-24
603339	2017-10-18	600438	2017-11-27
603569	2017-10-20	600973	2017-11-27
002733	2017-10-20	001979	2017-11-28
600151	2017-10-21	600777	2017-11-29
603311	2017-10-21	603933	2017-12-01
002298	2017-10-25	002050	2017-12-02
300048	2017-10-26	002863	2017-12-04
600252	2017-10-26	603779	2017-12-06
603035	2017-10-26	300470	2017-12-07
002280	2017-10-27	000592	2017-12-07

股票代码	公告日期	股票代码	公告日期
300514	2017-12-07	002733	2018-01-05
300584	2017-12-07	603939	2018-01-05
600055	2017 12 07	601366	2018-01-15
300715	2017-12-08	300281	2018-01-19
000025	2017-12-12	600502	2018-01-19
002747	2017-12-12	603909	2018-01-19
603169	2017-12-13	300671	2018-01-23
601799	2017-12-14	603711	2018-01-23
002004	2017-12-14	001696	2018-01-23
600429	2017-12-15	603035	2018-01-25
603721	2017-12-15	002520	2018-01-26
600242	2017-12-16	002783	2018-01-26
600340	2017-12-16	300195	2018-01-29
002132	2017-12-19	002624	2018-01-31
300618	2017-12-19	300618	2018-02-01
600160	2017-12-20	600218	2018-02-06
300075	2017-12-25	002877	2018-02-07
000558	2017-12-26	300695	2018-02-08
600681	2017-12-26	603728	2018-02-13
002375	2017-12-29	600146	2018-02-14
002760	2017-12-29	002240	2018-02-27
600328	2017-12-29	300708	2018-02-28
603377	2017-12-29	300364	2018-02-28
002191	2018-01-04	600603	2018-03-01
603699	2018-01-04	002265	2018-03-02

股票代码	公告日期	股票代码	公告日期
300081	2018-03-02	300052	2018-03-29
002369	2018-03-08	002230	2018-03-29
300262	2018-03-08	002400	2018-03-29
600488	2018-03-12	002917	2018-03-29
603799	2018-03-12	600116	2018-03-29
300545	2018-03-14	300213	2018-03-30
002617	2018-03-15	000701	2018-03-31
600073	2018-03-15	002640	2018-03-31
600336	2018-03-17	002866	2018-04-02
002567	2018-03-19	002282	2018-04-03
600884	2018-03-19	002505	2018-04-04
002667	2018-03-20	603387	2018-04-10
603603	2018-03-20	002472	2018-04-11
300160	2018-03-21	002158	2018-04-12
002044	2018-03-21	300535	2018-04-12
300287	2018-03-22	002850	2018-04-13
002772	2018-03-23	603999	2018-04-14
601028	2018-03-23	000753	2018-04-14
600676	2018-03-26	600996	2018-04-16
002139	2018-03-27	002572	2018-04-17
603038	2018-03-27	603360	2018-04-17
603601	2018-03-27	300351	2018-04-19
603113	2018-03-28	603022	2018-04-19
300421	2018-03-28	000887	2018-04-20
300455	2018-03-29	002722	2018-04-20

股票代码	公告日期	股票代码	公告日期
002913	2018-04-20	601021	2018-04-27
300553	2018-04-20	601258	2018-04-27
300335	2018-04-21	603599	2018-04-27
601877	2018-04-21	603385	2018-04-28
002632	2018-04-23	600487	2018-04-28
300673	2018-04-24	603177	2018-04-28
002298	2018-04-24	300259	2018-05-04
002856	2018-04-24	002336	2018-05-05
300247	2018-04-24	002223	2018-05-05
600522	2018-04-24	603118	2018-05-11
002221	2018-04-25	002438	2018-05-14
002786	2018-04-25	300583	2018-05-15
300565	2018-04-25	002308	2018-05-15
300721	2018-04-25	603393	2018-05-15
603328	2018-04-25	300301	2018-05-16
002589	2018-04-26	600167	2018-05-16
603226	2018-04-26	600031	2018-05-17
603808	2018-04-26	002895	2018-05-17
603615	2018-04-26	603718	2018-05-18
002263	2018-04-27	600867	2018-05-22
002432	2018-04-27	000566	2018-05-22
002699	2018-04-27	002503	2018-05-23
002928	2018-04-27	603818	2018-05-23
300012	2018-04-27	002019	2018-05-26
300637	2018-04-27	601015	2018-05-30

股票代码	公告日期	股票代码	公告日期
300548	2018-05-30	600313	2018-06-29
300178	2018-06-05	000683	2018-07-02
300506	2018-06-06	300726	2018-07-03
002249	2018-06-07	002840	2018-07-06
603086	2018-06-08	002535	2018-07-11
002467	2018-06-08	002358	2018-07-12
600853	2018-06-08	603879	2018-07-12
002749	2018-06-09	300146	2018-07-12
002735	2018-06-11	603866	2018-07-19
603166	2018-06-12	002475	2018-07-20
000413	2018-06-13	600643	2018-07-24
600482	2018-06-13	603856	2018-07-24
002157	2018-06-14	002881	2018-07-26
000592	2018-06-15	002910	2018-07-26
002624	2018-06-15	300081	2018-07-27
300411	2018-06-15	002084	2018-07-27
603665	2018-06-15	600515	2018-07-28
002160	2018-06-16	300686	2018-08-01
002865	2018-06-16	600777	2018-08-02
002303	2018-06-20	002010	2018-08-02
600933	2018-06-20	002634	2018-08-03
300470	2018-06-20	000697	2018-08-09
300075	2018-06-22	600329	2018-08-10
300118	2018-06-26	002180	2018-08-11
603906	2018-06-28	601138	2018-08-14

股票代码	公告日期	股票代码	公告日期
002092	2018-08-16	600967	2018-08-31
600246	2018-08-16	000061	2018-08-31
603356	2018-08-16	002862	2018-08-31
000040	2018-08-17	300095	2018-08-31
600438	2018-08-17	600568	2018-08-31
600282	2018-08-18	002878	2018-09-03
603881	2018-08-18	601828	2018-09-08
002373	2018-08-21	300005	2018-09-12
002435	2018-08-22	603885	2018-09-12
300425	2018-08-24	603903	2018-09-13
603636	2018-08-24	300683	2018-09-13
000576	2018-08-25	600707	2018-09-17
300313	2018-08-25	002665	2018-09-18
603727	2018-08-25	002197	2018-09-19
002301	2018-08-27	300122	2018-09-21
300097	2018-08-28	300095	2018-09-28
000988	2018-08-29	603507	2018-09-29
002124	2018-08-29	300166	2018-10-08
300598	2018-08-29	300521	2018-10-09
600981	2018-08-29	603021	2018-10-10
603768	2018-08-29	002760	2018-10-12
002171	2018-08-30	603721	2018-10-12
002605	2018-08-30	000066	2018-10-12
300656	2018-08-30	600325	2018-10-13
600487	2018-08-30	603117	2018-10-13

股票代码	公告日期	股票代码	公告日期
300384	2018-10-15	603585	2018-11-06
000858	2018-10-18	603590	2018-11-08
002302	2018-10-19	300195	2018-11-09
600707	2018-10-19	002503	2018-11-10
300332	2018-10-19	601952	2018-11-13
002024	2018-10-20	002023	2018-11-14
002223	2018-10-20	603717	2018-11-15
601727	2018-10-22	000807	2018-11-16
000524	2018-10-23	601727	2018-11-16
002380	2018-10-23	300480	2018-11-18
600166	2018-10-25	600592	2018-11-19
603661	2018-10-26	002663	2018-11-20
002296	2018-10-26	603277	2018-11-20
002819	2018-10-27	002638	2018-11-23
002021	2018-10-29	000566	2018-11-27
300485	2018-10-29	300722	2018-11-28
002858	2018-10-30	002923	2018-11-29
300366	2018-10-30	603066	2018-11-29
600172	2018-10-30	300177	2018-11-30
603008	2018-10-30	600582	2018-11-30
600259	2018-10-31	002373	2018-12-01
600405	2018-10-31	600226	2018-12-01
300558	2018-11-2	603378	2018-12-01
300044	2018-11-03	603630	2018-12-01
603359	2018-11-03	300352	2018-12-03

股票代码	公告日期	股票代码	公告日期
300329	2018-12-05	300556	2018-12-13
603816	2018-12-06	002286	2018-12-14
300435	2018-12-06	600881	2018-12-19
002151	2018-12-07	000721	2018-12-20
002226	2018-12-07	603197	2018-12-20
002861	2018-12-07	600782	2018-12-20
300067	2018-12-07	300319	2018-12-21
000826	2018-12-08	600715	2018-12-21
300291	2018-12-10	300064	2018-12-22
603076	2018-12-11	603607	2018-12-26
300516	2018-12-11	300577	2018-12-27
603606	2018-12-11	300058	2018-12-28
300514	2018-12-12	300279	2018-12-28
600011	2018-12-12	603003	2018-12-29
603639	2018-12-13	603908	2018-12-29